Trésors vivants

vivants

L'ENCYCLOPÉDIE AVENTURE

QUÉBEC AMÉRIQUE jeunesse

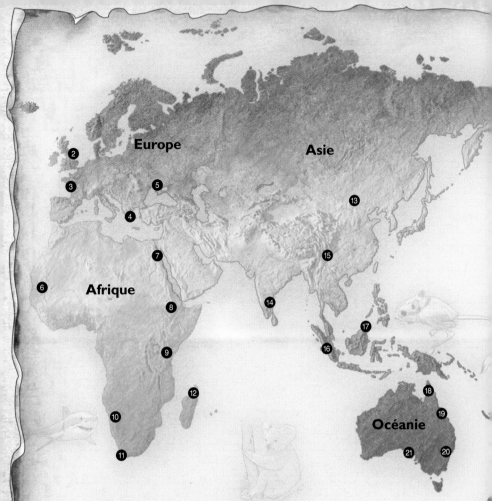

Antarctique

Europe
1. détroit de Davis, Groenland (Danemark) p. 59
2. comté de Northumberland, Angleterre p. 29
3. marais de Vendée, France p. 99
4. Olynthe, Grèce p. 151
5. Dereivka, Ukraine p. 69

Afrique
6. fleuve Sénégal, Afrique de l'Ouest p. 23
7. côte de la mer Rouge, Égypte p. 55
8. Roha (Lalibela), Éthiopie p. 91
9. plaine du Serengeti, Tanzanie p. 129
10. Namibie du Nord p. 117
11. Gansbaai, Afrique du Sud p. 73
12. forêt d'Ambre, Madagascar p. 147

Asie
13. désert de Gobi, Mongolie p. 41
14. côte de Coromandel, Inde p. 109
15. État de Dali, Chine p. 139
16. île de Sumatra, Indonésie p. 15
17. mont Kinabalu, Malaysia p. 95

ÉNIGMES

EUROPE
☐ ☐ ☐ ☐

AFRIQUE
☐ ☐ ☐ ☐

ASIE
☐ ☐ ☐ ☐ ☐

OCÉANIE ET ANTARCTIQUE
☐ ☐ ☐ ☐ ☐

AMÉRIQUE DU NORD
☐ ☐ ☐ ☐ ☐ ☐

AMÉRIQUE CENTRALE ET DU SUD
☐ ☐ ☐ ☐ ☐ ☐

Amérique du Nord

Amérique centrale

Amérique du Sud

Océanie et Antarctique
18 péninsule du Cap York, Australie p. 63
19 côte du Queensland, Australie p. 37
20 Port Jackson (Sydney), Australie p. 7
21 Australie du Sud p. 103
22 Cape Crozier, Antarctique p. 125

Amérique du Nord
23 îles Aléoutiennes, Alaska (É.-U.) p. 143
24 vallée du Saint-Laurent, Canada p. 77
25 Sierra Nevada, Californie (É.-U.) p. 45
26 île Nonsuch, Bermudes p. 19
27 île Maui, Hawaii (É.-U.) p. 87
28 désert de Sonora, Mexique p. 121

Amérique centrale et du Sud
29 baie de Drake, Costa Rica p. 33
30 dorsale Galapagos p. 135
31 îles Galapagos, Équateur p. 51
32 marais de Kaw, Guyane française p. 11
33 Amazonie, Brésil p. 81
34 cordillère des Andes, Pérou p. 113

Les énigmes à résoudre

EUROPE □ □ □ □

Au 16ᵉ siècle, à Autun en France, ces animaux furent convoqués devant le tribunal pour avoir dévoré les récoltes des villageois. L'avocat qui les défendait obtint pour eux la peine minimale : la malédiction de Dieu.

AFRIQUE □ □ □ □

En Égypte ancienne, cet animal était vénéré comme un véritable dieu. Lorsqu'il mourait, sa famille d'adoption se rasait les sourcils en signe de deuil.

ASIE □ □ □ □ □

En 1996, à Calcutta en Inde, cet animal fut arrêté par la police pour vol à l'étalage. Le commissariat fut ensuite assiégé par ses congénères qui réclamaient sa libération en poussant des hurlements.

OCÉANIE ET ANTARCTIQUE □ □ □ □

Sur la scène d'un crime, les empreintes digitales de cet animal pourraient être confondues avec celles d'un humain.

AMÉRIQUE DU NORD □ □ □ □ □

Le 17 octobre 2000, ce gros animal de 135 kilogrammes prit l'avion en première classe en compagnie de sa maîtresse pour un vol entre Philadelphie et Seattle.

AMÉRIQUE CENTRALE ET DU SUD □ □ □ □ □ □

Cet animal extrêmement résistant et fort répandu peut vivre un mois la tête coupée avant de finalement mourir de soif ou de faim !

La carte du monde
Pour les besoins de l'aventure, le monde est divisé en six grandes régions, chacune présentant un certain nombre de destinations-découvertes. Vous trouverez ces régions, les destinations-découvertes et les six énigmes à résoudre sur la carte du monde, aux pages 4 et 5. Nous vous suggérons de photocopier cette carte ou encore de l'imprimer à partir du site **www.quebec-amerique.com/gje/vivants**. Elle vous permettra de vous situer en tout temps, de tracer votre parcours et de noter au fur et à mesure les lettres trouvées.

Les lettres cachées
Chaque destination-découverte est reliée à un article du livre. La lecture d'un article peut vous dévoiler une ou plusieurs lettres de l'énigme associée à une région. Pour résoudre chaque énigme, vous devez faire le tour de la région, trouver les lettres cachées et les ordonner.

La navigation
La dernière page de chaque article vous donne le choix entre trois nouvelles destinations-découvertes. À vous de décider de la direction à prendre. Attention ! Vous devrez parfois revenir sur vos pas pour atteindre la destination voulue.

Prêt pour l'aventure ?
Commencez votre voyage à Port Jackson,
à la page 7. ➡

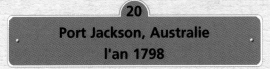

Vous êtes le gouverneur d'une île gigantesque. Ce territoire nouvellement exploré et occupé par l'Angleterre est appelé « le Cinquième Continent ». La colonie sert présentement de pénitencier. On y envoie depuis quelques années des centaines de prisonniers anglais.

Assis à votre table de travail, vous êtes occupé à gérer les affaires de la jeune colonie quand, soudain, un groupe d'explorateurs agités fait irruption dans votre bureau. Le désagrément d'être dérangé se transforme en curiosité lorsque vos visiteurs affirment transporter, dans une boîte, une créature absolument fabuleuse, trouvée près de la rivière Hawkesbury.

Un des explorateurs s'écrie :
– C'est une sorte de canard à fourrure…

Un autre l'interrompt aussitôt :
– C'est une drôle de loutre aux allures d'oiseau !

Un troisième renchérit :
– C'est un mélange farfelu et incroyable de plusieurs animaux !

Et ils ouvrent la boîte devant vous…

Abasourdi, vous vous exclamez :
– Impossible !

Cette étrange créature de la taille d'un chat ne ressemble à aucun animal connu. Vous décidez aussitôt de l'expédier en Angleterre, où des scientifiques chevronnés l'étudieront de près.

À la réception de ce colis inusité, les naturalistes anglais crient à la supercherie ! Ils tentent même de découvrir, en vain, les traces de coutures entre la tête de canard, le corps de loutre et la queue de castor. Cette « supercherie », qui n'en est finalement pas une, figurera parmi les plus grandes découvertes animalières de tous les temps !

•••

En 1799, le naturaliste anglais George Shaw finit par confirmer l'authenticité de la bête provenant d'Australie. Il la nomma *Platypus anatinus*, un nom latin signifiant « pieds plats » et « ressemblant à un canard ». Un an plus tard, l'anatomiste allemand Johann Friedrich Blumenbach la rebaptisa *Ornithorynchus*, ou ornithorynque, nom qui signifie « museau d'oiseau ». Aujourd'hui, l'étrange animal est désigné par une combinaison des deux noms : *Ornithorynchus anatinus*.

LÉGENDE ABORIGÈNE

En Australie, une légende aborigène raconte que les premiers ornithorynques seraient nés de l'union d'un rat d'eau et d'une cane. Leurs rejetons auraient conservé le bec et les pieds palmés de leur mère… et la fourrure brune et les quatre pattes de leur père !

L'ornithorynque est un animal semi-aquatique australien qui réunit de façon exceptionnelle certains traits des oiseaux, des mammifères et même des reptiles. Comme les canards, il possède un bec et des pattes palmées. Il les utilise pour fouiller le fond des lacs et des rivières à la recherche de sa nourriture, des petits crustacés et des larves d'insectes. Comme chez les reptiles et les oiseaux, la femelle ornithorynque pond des œufs. Elle les couve au fond d'un terrier qu'elle a creusé dans une berge et qui peut mesurer plus de 10 mètres de profondeur. Le mâle possède, comme plusieurs serpents, un organe venimeux redoutable. Il s'agit d'un éperon situé sur les pattes arrière. La « piqûre » de l'ornithorynque peut être mortelle pour les petits animaux et extrêmement douloureuse pour les humains.

ornithorynque

Malgré ces ressemblances avec les oiseaux et les reptiles, l'ornithorynque est bel et bien un mammifère. Non seulement son corps est recouvert d'une fourrure dense, mais la femelle possède des glandes mammaires qu'elle utilise pour allaiter ses petits après l'éclosion des œufs. Quoi qu'il en soit, cette créature est si exceptionnelle qu'on a créé une nouvelle catégorie de mammifères pour la classifier, celle des monotrèmes.

LES MONOTRÈMES

Les monotrèmes sont des mammifères ovipares, c'est-à-dire que les femelles pondent des œufs, contrairement aux femelles des autres mammifères qui portent leurs petits dans leur utérus jusqu'au jour de leur naissance. Les monotrèmes comprennent l'ornithorynque et cinq espèces d'échidnés, des animaux couverts de piquants vivant en Australie et en Nouvelle-Guinée. Les scientifiques qualifient les monotrèmes de « fossiles vivants » car ils ont conservé les caractéristiques primitives de leurs lointains ancêtres. Ces premiers mammifères, apparus il y a plus d'une centaine de millions d'années, étaient de proches parents des reptiles.

échidné

Ne quittez pas le Sud-Est de l'Australie sans vous imprégner de la culture aborigène, l'une des plus anciennes cultures vivantes de l'humanité (elle existe toujours) ! Admirez des peintures rupestres datant de plusieurs milliers d'années. Soufflez dans un didgeridoo. Ce gigantesque instrument à vent traditionnel est en fait une branche d'eucalyptus évidée par... des termites ! Enfin, tentez le lancer du boomerang. Qui sait, cet instrument de chasse aborigène vous reviendra peut-être avec une lettre de l'énigme : **la première lettre du nom du pays où vit l'ornithorynque**.

Du Sud-Est de l'Australie, vous pouvez vous rendre...

21	22	34
dans le Sud de l'Australie **1 400 km** **l'an 1910**	**en Antarctique** **5 000 km** **l'an 1902**	**au Pérou** **13 000 km** **12ᵉ siècle**

Nagez près du rivage australien accompagné d'un dragon de mer et rendez-vous lentement (patience !) à la **page 103.** ➡

Planez tel un majestueux albatros au-dessus de l'océan austral jusqu'à la **page 125.** ➡

Imitez l'anatife et traversez sans effort l'océan Pacifique jusqu'à la **page 113.** ➡

Le dragon de mer est un hippocampe. Ce poisson dont le corps ressemble à un amas d'algues se confond parfaitement avec la végétation environnante. Les hippocampes figurent parmi les animaux les plus lents. Ils peuvent se déplacer à une vitesse d'environ 1 cm à l'heure !

Les longues ailes de l'albatros hurleur peuvent atteindre une envergure de 3,5 m, ce qui en fait l'un des plus grands oiseaux capables de voler. Profitant des courants d'air et des vents forts entourant l'Antarctique, il peut planer sur une distance de 100 km en ne battant pratiquement pas des ailes !

L'anatife passe sa vie adulte immobile. À l'aide de son pédoncule, cet ingénieux crustacé s'accroche à un objet flottant, comme un morceau de bois, une bouée ou une bouteille. Ainsi, bien qu'il soit sédentaire, il arrive à parcourir de grandes distances.

Une nuit chaude et humide tombe sur la forêt tropicale. Vous courez à perdre haleine sur les berges d'un marécage. Vite ! Vous devez vous réfugier dans la jungle, loin de la côte et des soldats français. Votre crime ? Aucun, sauf celui d'être un esclave qui aspire à la liberté…

Au crépuscule, vous avez fui les plantations de canne à sucre et leurs propriétaires qui vous tenaient en captivité. Vous espérez rejoindre les autres évadés qui se sont terrés dans l'arrière-pays, où bien peu de gens osent s'aventurer ! Vous êtes maintenant dans le domaine de prédateurs terrifiants tels que le gigantesque serpent anaconda, le jaguar et le caïman, un cousin de l'alligator… Les perroquets et les singes saluent votre courage par un enchaînement de cris et de hurlements !

Soudain, un gigantesque filet blanc tombe sur vous ! Vous êtes piégé !

Vous croyez avoir affaire à un filet de la garde française ? Détrompez-vous ! Ce piège, qui s'étend sur plusieurs mètres, est en fait une immense toile d'araignée. Vous pensez : je n'ai quand même pas enduré tous ces malheurs pour finir dans la gueule d'une araignée géante ! Calmez-vous ! L'araignée, ou plutôt les araignées qui tissent ces énormes toiles sont minuscules (à peine 5 millimètres) et inoffensives pour les humains. Plus infortunées que vous, elles doivent maintenant réparer leur nid que vous avez accroché et abîmé dans votre course.

toile de l'araignée sociale

La plupart des araignées sont solitaires. Toutefois, sur les milliers d'espèces connues, quelques dizaines vivent en groupe. Ces araignées sociales mettent leur énergie en commun pour tisser de gigantesques toiles qui peuvent atteindre la longueur d'un terrain de football. L'espèce *Anelosimus eximius*, qui vit dans les forêts tropicales d'Amérique du Sud, forme des colonies de plusieurs milliers d'individus ! Grâce à leurs toiles géantes, les araignées sociales peuvent capturer des insectes dix fois plus gros qu'elles !

Les araignées font partie de la classe des arachnides, qui comprend aussi les scorpions et les acariens (des bestioles minuscules qui peuplent nos matelas). Les arachnides ne sont pas des insectes. Ils possèdent quatre paires de pattes, contrairement aux insectes qui en possèdent trois. De plus, leur corps est divisé en deux parties et non en trois comme chez les insectes. Il y a plus de 400 millions d'années, les arachnides furent parmi les premiers animaux à quitter l'océan pour s'aventurer sur la terre ferme.

ARAIGNÉES GÉANTES

Les plus grosses araignées sont les mygales d'Amérique. Certaines d'entre elles mesurent jusqu'à une vingtaine de centimètres (avec les pattes). Elles peuvent dévorer des souris, des lézards, des serpents et des oiseaux !

Les araignées possèdent sur leur abdomen des glandes spéciales qui sécrètent de la soie. Elles peuvent ainsi fabriquer les toiles dont elles se servent pour capturer leurs proies. Plusieurs araignées produisent des toiles en forme de spirales, d'autres tissent des pièges qui ressemblent à des récipients et certaines fabriquent des lassos qu'elles lancent sur leurs proies. À chacune sa toile…

En plus de leurs glandes à soie, les araignées possèdent des glandes à venin. Celles-ci sont localisées dans leurs chélicères, des petits crochets attachés à leur tête. Le venin des araignées, rarement mortel pour les humains, leur permet de tuer ou de paralyser une petite proie avant de la dévorer.

Tisseuses de génie, chasseuses astucieuses et acrobates hors pair, les araignées restent malheureusement mal-aimées des humains. Elles leur rendent pourtant un énorme service en dévorant de grandes quantités d'insectes nuisibles. Elles sont indispensables à l'équilibre écologique de la planète !

Avant de quitter la Guyane française, ne manquez pas de vous rendre au centre de tir de Kourou pour assister au prochain lancement de la fusée Ariane. Le site de Kourou est un ancien pénitencier français converti en base spatiale européenne. Il représente un îlot technologique dans un océan de verdure. La jungle tropicale occupe, en effet, 90 % du pays !

De la Guyane française, vous pouvez vous rendre...

33 au Brésil 1 000 km l'an 1970	29 au Costa Rica 3 500 km l'an 2006	6 en Afrique de l'Ouest 4 500 km l'an –470
Le fourmilier géant, qui a la langue « bien pendue », vous indiquera la direction à prendre pour la **page 81.** ➡	Joignez les rangs d'une armée de fourmis légionnaires et prenez d'assaut la **page 33.** ➡	Fendez les vagues de l'océan Atlantique, tel un requin mako, jusqu'à la **page 23.** ➡

Le fourmilier géant, qui mesure près de 2 m de long, se nourrit de minuscules proies. Il possède une langue de 60 cm de long qui peut s'introduire dans un nid de fourmis ou de termites. Le fourmilier peut ainsi engloutir quelque 30 000 insectes par jour !	Les fourmis légionnaires peuvent former des cordons de plusieurs centaines de mètres de long et effectuer des raids meurtriers dans les forêts tropicales d'Amérique. Ces millions de petits carnivores affamés dévorent alors pratiquement toutes les créatures qui se trouvent sur leur passage.	Extrêmement rapide, le requin mako de l'Atlantique nage à une vitesse de pointe de près de 60 km/h. Également réputé pour ses bonds prodigieux, ce poisson de près de 4 m de long peut franchir une distance de plus de 7 m hors de l'eau !

16
île de Sumatra, Indonésie
l'an 1000

Vous habitez le royaume bouddhiste de Sriwijaya, un empire puissant dominant le Sud-Est asiatique. Agenouillé dans un temple, vous déposez des offrandes devant la statue de Bouddha en le priant de veiller sur votre mère souffrante. En sortant du sanctuaire, vous rencontrez un moine qui affirme connaître un remède qui pourra soulager votre mère. Il s'agit d'une plante rare, poussant uniquement dans la jungle, au pied des volcans.

Vous décidez de partir sur-le-champ à la recherche de ce médicament exceptionnel. Vous traversez les rizières entourant votre village, remontez la rivière Musi en pirogue et pénétrez dans la forêt tropicale. Bientôt, un volcan se dessine à l'horizon. Dépêchez-vous d'en atteindre le pied. Au moment où vous commencez à l'escalader, vous percevez dans l'air la senteur d'un cadavre en décomposition. Pouah ! Troublé, vous suivez cette odeur pestilentielle…

Rafflesia arnoldii

À votre plus grande surprise, vous ne tombez pas sur un être en décomposition, mais sur la plante que vous cherchez ! En plus de constituer un remède traditionnel, cette plante qui dégage une odeur de charogne est... la plus grosse fleur du monde : *Rafflesia arnoldii*.

•••

Rafflesia arnoldii possède cinq gigantesques pétales rouges tachetés s'étalant sur près de un mètre de diamètre, soit l'équivalent d'un pneu de camion. Connue depuis longtemps de la population indonésienne sous le nom de « fleur-cadavre », elle fut scientifiquement baptisée *Rafflesia arnoldii* en l'honneur des explorateurs britanniques Thomas Stamford Raffles et Joseph Arnold qui la découvrirent au 19e siècle. Son odeur nauséabonde attire ses pollinisatrices : les mouches ! Cette fleur géante fait partie d'une grande catégorie de plantes appelées angiospermes, ou plantes à fleurs.

Les 234 000 espèces de plantes à fleurs représentent plus des deux tiers des végétaux poussant sur notre planète. Leur forme, leur couleur et leur taille varient, depuis les herbes et les petites fleurs tapissant les champs jusqu'aux gigantesques arbres peuplant les forêts. Les angiospermes ont en commun un organe de reproduction : la fleur.

En général, pour qu'une plante angiosperme se reproduise, les petits grains de pollen qui remplissent les étamines de sa fleur doivent atteindre le pistil d'une autre fleur de la même espèce. Ce processus, appelé pollinisation, est assuré par le vent et les animaux pollinisateurs tels que les abeilles, les papillons, les colibris et même les chauves-souris.

◀ **Tournesol**
Contrairement aux apparences, le tournesol (tout comme la marguerite et le pissenlit) est formé non pas d'une, mais de plusieurs fleurs minuscules serrées les unes contre les autres.

En butinant, les pollinisateurs transportent les grains de pollen d'une fleur à l'autre. Lorsqu'elle est fécondée, la fleur fane et se transforme en fruit. Ce dernier contient la graine qui, en germant, formera une nouvelle plante !

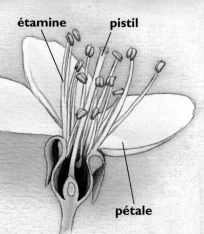

étamine

pistil

pétale

LA PETITE HISTOIRE DES PLANTES TERRESTRES

Les premières plantes terrestres sont apparues il y a plus de 400 millions d'années en bordure des mers et des lacs. Les premiers spécimens étaient des descendants des algues vertes et ressemblaient probablement aux mousses modernes. Ils n'avaient ni fleurs ni racines et formaient des tapis au ras du sol. Plus tard, les plantes se sont dotées de racines et d'un système de circulation qui transporte l'eau et les minéraux. Des plantes telles que les fougères ont commencé à se dresser vers le ciel. Enfin, il y a quelque 100 millions d'années, au moment où les premiers insectes pollinisateurs voient le jour, les plantes à fleurs font également leur apparition. Ces dernières dominent aujourd'hui plusieurs paysages terrestres.

◀ **Magnolia**
Le magnolia figure parmi les plus anciennes plantes à fleurs.

Orchidée ▶
Avec près de 25 000 espèces connues, les ravissantes orchidées forment le plus important groupe de plantes à fleurs.

17

Avant de quitter l'Indo-
nésie, ne manquez pas de
faire une halte sur l'île de
Komodo. Cette réserve
naturelle est la demeure
d'un dragon féroce ! Il ne
s'agit pas ici de la bête mythique,
mais du dragon (ou varan) de Komodo.
Ce lézard farouche, le plus grand du
monde, peut dépasser 3 mètres de
long et peser quelque 130 kilogrammes.
Attention ! Il pourrait cracher, non pas
du feu, mais une lettre de l'énigme : **la
huitième lettre du nom de la plus
grosse fleur du monde**.

À partir de l'Indonésie, vous pouvez vous rendre...

15 en Chine 4000 km l'an 1200	18 dans le Nord de l'Australie 2500 km l'an 1950	9 en Tanzanie 8500 km l'an 1951

Imitez le gibbon, un as
de la haute voltige, et
balancez-vous d'arbre en
arbre en direction de la
page 139. ➤

Suivez la voie tracée
(ou plutôt broutée) par
le dugong dans
les herbiers tropicaux
et gagnez la
page 63. ➤

Laissez le phasme
géant vous prendre
sous son aile
jusqu'à la
page 86. ➤

Le gibbon utilise ses bras
démesurément longs pour
bondir d'une branche à
l'autre, au sommet des
arbres de la jungle asiatique.
Ce singe acrobate peut
effectuer des sauts de plus
de 10 m dans les airs et
avancer à une vitesse de
plus de 50 km/h !

Le dugong est un mammifère
marin herbivore. Il se nourrit
dans les herbiers, de vastes
prairies sous-marines situées
au fond des eaux calmes, peu
profondes et claires. Comme
ses réserves de nourriture
diminuent en raison de la
pollution marine, le dugong
est menacé de disparition.

Les phasmes sont passés
maîtres dans l'art du
camouflage. Ils ressemblent à
s'y méprendre à une longue
brindille. En Asie du Sud-Est,
certaines espèces mesurent
plus d'un demi-mètre de
long (avec les pattes)!
Ce sont les plus grands
insectes du monde !

Nous sommes le 15 août 1934. Vous êtes un explorateur courageux sur le point de quitter la surface terrestre pour accéder à un univers infiniment grand et obscur. Prêt pour le départ ?

10, 9, 8, 7, 6, 5, 4, 3, 2, 1… En route pour l'inconnu !

Votre petite capsule s'enfonce dans un monde de plus en plus sombre. Comme c'est silencieux… Au bout d'un certain temps, votre véhicule s'immobilise. Regardez par le hublot ! Des créatures insolites s'approchent de votre véhicule. Elles ont une tête et une gueule immenses avec des yeux exorbités. Certaines portent même de curieuses antennes lumineuses…

Vous vous croyez sur une nouvelle planète ? Pas du tout ! Vous êtes toujours sur la Terre… ou plutôt… sous la mer. Les créatures aux allures cauchemardesques que vous observez ne sont pas des extraterrestres, mais des animaux marins vivant à des centaines de mètres de profondeur !

LA BATHYSPHÈRE

En 1934, les scientifiques américains William Beebe et Otis Barton descendent là où personne n'était encore jamais allé, à 923 mètres sous la surface de l'eau ! Leur exploit, réalisé au large des Bermudes, est rendu possible grâce à une invention de leur cru : la bathysphère. Cette sphère d'acier d'environ 1,5 mètre de diamètre est reliée à un navire par un câble. À bord de leur engin submersible, les deux hommes deviennent les premiers humains à observer les animaux des profondeurs dans leur habitat naturel.

À plus de 200 mètres sous l'eau, les rayons du soleil parviennent difficilement à se faufiler. À plus de 1 000 mètres, l'obscurité est totale ! Sans une quantité suffisante de lumière, aucune plante ne peut survivre. La nourriture est rare, la pression de l'eau est écrasante et le froid est intense. On pourrait croire que peu de créatures parviennent à vivre dans un environnement aussi peu accueillant. Pourtant, les profondeurs océaniques abritent des milliers d'espèces qui ont su développer des stratégies uniques pour faire face aux conditions difficiles qui y règnent.

Poisson-vipère ▶
Les mâchoires du poisson-vipère peuvent s'ouvrir si grand et son estomac est si extensible qu'il peut avaler et digérer une proie presque aussi grosse que lui.

◄ Calmar géant

Avec un corps pouvant mesurer jusqu'à 16 mètres de long (incluant les tentacules) et des yeux de 25 centimètres de diamètre (la taille d'une assiette), le calmar géant a tout d'un monstre marin !

Les animaux qui habitent les profondeurs océaniques ont généralement un corps mou et souple qui leur permet de résister à la forte pression de l'eau. Leur gueule gigantesque s'ouvre largement pour gober les rares proies de passage. Certains ont des yeux énormes capables de capter le maximum de lumière. D'autres encore sont sensibles à la plus petite vibration et attendent patiemment la proie qui les frôlera dans le noir. Enfin, un grand nombre d'animaux utilisent une stratégie exceptionnelle leur permettant de créer leur propre lumière...

LA BIOLUMINESCENCE

Dans les profondeurs obscures des océans, entre 200 et 1 000 mètres sous l'eau, neuf animaux sur dix utilisent un procédé chimique qui leur permet de produire de la lumière. Ce procédé s'appelle la bioluminescence. Les signaux lumineux produits permettent d'attirer des proies, d'effrayer des prédateurs ou de communiquer avec d'autres individus de la même espèce.

▲ Poisson-hachette

Le ventre du poisson-hachette, parsemé de points lumineux, se confond avec les faibles lueurs du soleil filtrant à travers la surface. Cette tenue de camouflage le rend invisible aux yeux des prédadeurs.

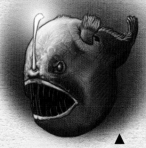

Baudroie des profondeurs ▲

La baudroie des profondeurs porte, sur le dessus de son crâne, un appât contenant des bactéries bioluminescentes. Cette canne à pêche originale permet d'attirer les proies vers sa large gueule.

La région de l'Atlantique délimitée par l'archipel des Bermudes, l'État de la Floride et l'île de Porto Rico est nommée « Triangle des Bermudes ». Cette région est tristement célèbre pour ses naufrages inexpliqués. En effet, une centaine d'avions et de bateaux y ont mystérieusement disparu. Ont-ils été victimes du mauvais temps… ou de forces surnaturelles ? Enfilez une combinaison de plongée et partez explorer les épaves englouties autour de l'archipel. Vous trouverez peut-être la réponse au mystère ainsi qu'une lettre de l'énigme : **la troisième lettre du nom du procédé chimique permettant à certains animaux de produire leur propre lumière**.

À partir de l'archipel des Bermudes, vous pouvez vous rendre…

3 **en France** **6 000 km** **16e siècle**	**28** **au Mexique** **4 000 km** **17e siècle**	**29** **au Costa Rica** **3 000 km** **l'an 2006**
Comme l'anguille, utilisez « l'autoroute » du Gulf Stream pour vous rendre à la **page 99.** ➡	Comme le bernard-l'ermite, trouvez une coquille d'occasion pour vous rendre en toute sécurité à la **page 121.** ➡	Joignez-vous à un banc de thons rouges et filez à toute vitesse vers la **page 33.** ➡

| L'anguille européenne naît dans la mer des Sargasses, au milieu de l'Atlantique. Elle dérive ensuite sur des milliers de kilomètres avec le courant du Gulf Stream et atteint les rivières d'Europe. À la fin de sa vie, l'anguille retourne dans la mer des Sargasses pour se reproduire. | Contrairement aux autres crabes, le bernard-l'ermite n'a pas de carapace. Pour se protéger, il emprunte une coquille vide laissée par un mollusque et se déplace sous elle. Lorsqu'il grandit, le bernard-l'ermite doit abandonner son habitacle pour trouver une nouvelle demeure plus spacieuse. | Le thon rouge peut mesurer 3 m de long et peser plus de 500 kg. Ce poisson gigantesque possède un corps effilé conçu pour la nage rapide et les voyages en haute mer. Ses dépenses d'énergie sont si grandes qu'il doit chaque jour dévorer l'équivalent du quart de son poids. |

Carthage, une puissante cité de l'Afrique du Nord, exerce son emprise sur la mer Méditerranée et les terres qui l'entourent. Le navigateur carthaginois Hannon explore maintenant les côtes de l'Afrique de l'Ouest dans le but de fonder de nouvelles colonies. Vous faites partie de son équipage.

Après plusieurs jours de navigation, vous repérez l'embouchure d'un fleuve et décidez de faire une halte pour explorer ses berges. Au cours de votre excursion, vous apercevez au loin une petite communauté africaine. Certains individus sont occupés à toiletter leur enfant. D'autres s'affairent à ouvrir des noix à l'aide d'un marteau et d'une enclume de pierre. Des jeunes se font des grimaces et se chatouillent en riant. Soudain, l'un d'entre eux s'aperçoit de votre présence et pose sur vous un regard pénétrant. Son visage vous est presque familier…

Ces individus que vous avez pris pour des humains sont en réalité… des chimpanzés !

•••

De tous les animaux, les chimpanzés sont ceux qui nous ressemblent le plus. Ces grands singes qui habitent l'Afrique équatoriale partagent avec nous près de 98 % de leur matériel génétique (la carte d'identité biologique enfouie au cœur de nos cellules). L'humain serait sous cet angle plus proche du chimpanzé que le cheval du zèbre !!!

chimpanzé commun

Comme nous, les chimpanzés peuvent se tenir debout et possèdent un visage très expressif capable de refléter la colère, la tristesse, la peur et la joie. Ils communiquent entre eux grâce à un langage élaboré, comprenant un vaste éventail de gestes, de sons et de mimiques. Leur organisation sociale ressemble à la nôtre et inclut des alliances, des expéditions guerrières contre d'autres communautés et des liens affectifs intenses. Les chimpanzés partagent leur nourriture, se font des accolades, se tiennent par la main et se donnent des baisers !

Mais ce qui rend le chimpanzé encore plus exceptionnel, c'est que, tout comme l'humain, il invente des outils ! Ainsi, il effeuille des branches qu'il utilise pour extraire des termites de leur nid (un mets dont il est friand). Il utilise des pierres comme projectiles ou comme marteaux pour briser la coque dure des fruits. Des feuilles ou des mousses lui servent de récipients, d'éponges, de coussins et de chapeaux de pluie !

Le chimpanzé fait partie de la famille des hominoïdes, qui comprend les gibbons, les orangs-outans, les gorilles... et l'être humain. Les hominoïdes font eux-mêmes partie de l'ordre des primates. Ces derniers sont des mammifères possédant un gros cerveau, des mains et des pieds préhenseurs (qui peuvent saisir), un pouce qui s'oppose aux quatre autres doigts de la main ou du pied et des ongles plats. Leurs yeux sont bien développés et permettent la vision en relief et en couleur. Les petits (souvent un seul jeune par portée) sont pris en charge par les parents sur une très longue période de temps jusqu'à leur âge adulte.

gorille

L'ÉVOLUTION DES PRIMATES

L'ancêtre de tous les primates serait apparu il y a un peu plus de 50 millions d'années. Il n'était pas un singe à proprement parler, mais une petite créature agile vivant dans les arbres et ressemblant aux lémuriens actuels. Les premiers primates ont lentement évolué pour devenir, il y a près de 30 millions d'années, des singes « véritables ». Ces derniers compteront bientôt dans leurs rangs des petites espèces arboricoles, mais aussi de plus gros singes tels que les hominoïdes. Quant à l'ancêtre commun des humains et des chimpanzés, il aurait vécu il y a seulement 6 millions d'années !

lémurien

Avant de quitter l'Afrique de l'Ouest, rendez-vous à l'ombre d'un baobab où un griot vous attend. Le griot est un poète africain très respecté. Écoutez-le attentivement ! Il est la mémoire de l'Afrique, le gardien de son histoire, de ses légendes, de ses chansons et peut-être même... d'une lettre de l'énigme : **la deuxième lettre du nom du grand singe qui ressemble le plus à l'être humain.**

À partir de l'Afrique de l'Ouest, vous pouvez vous rendre...

8 en Éthiopie 5 500 km 13e siècle	9 en Tanzanie 6 500 km l'an 1951	32 en Guyane française 4 500 km l'an 1804
Traversez l'Afrique d'ouest en est et tâchez de ne pas vous « endormir » avant d'avoir atteint la **page 133.** ➡	Demandez au perroquet gris, un grand parleur, de vous indiquer le chemin de la **page 129.** ➡	Agrippez-vous à la carapace de la plus grande tortue du monde et gagnez rapidement la **page 11.** ⬅

En suçant le sang de certains mammifères, la mouche tsé-tsé ingère des parasites dangereux qu'elle peut transmettre à l'être humain. Ainsi, malgré son aspect inoffensif, elle est responsable d'une maladie mortelle : la maladie du sommeil.

Le perroquet gris est sans contredit l'un des oiseaux les plus intelligents. Il peut apprendre à imiter jusqu'à 5 000 mots ! Des expériences ont également montré qu'il pouvait, en quelques mois d'apprentissage, nommer des formes, des couleurs et des objets.

La tortue-luth est un reptile marin de près de 2 m de long. La carapace lisse (sans écailles) et les pattes en forme de rames de cette grande nageuse lui permettent de franchir une distance de 100 m en 10 secondes à peine !

Gare à vous si la mygale que vous suivez est une mygale Atrax ! Cette araignée australienne est celle qui possède le venin le plus toxique pour les humains. La morsure du mâle peut vous rendre très malade et même vous tuer ! Heureusement que vous ne vous déplacez jamais sans votre trousse de secours, qui contient le contrepoison approprié. Continuez votre chemin jusqu'à la page 103. ➤

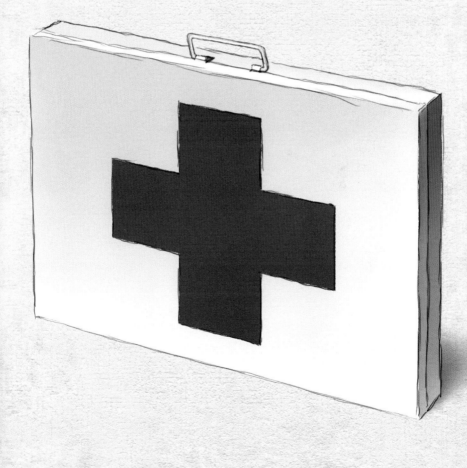

27

Ne suivez surtout pas l'ours blanc ! Malgré son air mignon, il reste le plus grand et le plus puissant prédateur terrestre ! Grrrrrr… Si vous le surprenez alors qu'il chasse ou qu'il est blessé, affamé ou avec ses petits, ce mastodonte imprévisible pourrait se fâcher et vous tuer d'un coup de patte ! Choisissez un mode de déplacement plus prudent à la page 62. ➤

L'Angleterre est sens dessus dessous ! Le roi Henri VI, affaibli par une longue et coûteuse guerre contre la France, a perdu toute autorité, en plus d'être en proie à de fréquentes crises de folie. Les grandes familles de nobles guerroient pour régner à la place du souverain à demi fou. Les complots et les assassinats se multiplient…

Dans un château du Nord du pays, vous êtes le serviteur d'un puissant seigneur, l'un des nombreux aspirants au trône. Lors d'une nuit glaciale d'automne, votre maître se plaint de douleurs d'estomac, de vertiges et de violentes nausées. Son état se détériore à un point tel qu'au bout de quelques jours, il succombe à sa mystérieuse maladie. Au château, l'atmosphère est à la suspicion… Quel rival l'a empoisonné ? Un baron voisin ? Un frère ? Un héritier ?

Il s'agit en fait d'UNE coupable. Habillée d'un large chapeau couleur olive et d'une grande robe blanche, la belle a pernicieusement séduit et empoisonné votre seigneur à l'ombre d'un chêne…

La tueuse n'est pas une mystérieuse adversaire, mais un champignon ! Victime de sa gourmandise, votre seigneur a été intoxiqué par le plus dangereux de tous : l'amanite phalloïde.

●●●

Certains sont toxiques, voire mortels, d'autres sont comestibles et même délicieux. Plusieurs sont microscopiques, quelques rares

L'amanite phalloïde est un champignon mortel.

espèces sont géantes. Les champignons sont des êtres si particuliers que plusieurs scientifiques les classent dans un règne à part. Contrairement aux plantes, ils n'ont pas de racines, pas de feuilles, pas de graines ni de fleurs. Également dépourvus du pigment vert appelé chlorophylle, ils sont incapables de réaliser la photosynthèse, c'est-à-dire d'utiliser l'énergie du Soleil pour produire leur propre nourriture.

Pour assurer leur existence, les champignons doivent, comme les animaux, se nourrir d'organismes vivants ou morts qu'ils trouvent dans leur environnement. Certains champignons, appelés saprophytes, se nourrissent uniquement de matières mortes telles que des souches, des branches et des feuilles recouvrant le sol des forêts. En les décomposant, ils transforment ces matières en humus, une terre noirâtre qui enrichit le sol. D'autres champignons, appelés parasites, vivent aux dépens d'êtres vivants. Ils sont responsables de nombreuses maladies chez les animaux et les végétaux. Enfin, plusieurs champignons vivent en symbiose avec une autre plante, généralement un arbre. Contrairement aux parasites, ces champignons sont bénéfiques pour leur hôte (l'organisme sur lequel ils vivent). La plante fournit la matière organique dont le champignon a besoin et, en retour, celui-ci l'aide à se procurer de l'eau et des substances nutritives. La majorité des champignons rencontrés dans les prés et les bois entrent dans cette catégorie.

Les lichens sont des végétaux formés de l'association d'une algue et d'un champignon.

Les champignons se reproduisent grâce à des spores microscopiques (l'équivalent des graines des plantes) contenues habituellement dans les lamelles de leur chapeau. Dispersées par le vent, ces spores germent pour former de minuscules filaments, les hyphes. Ceux-ci se réunissent pour produire un mycélium, à partir duquel se développent le pied et le chapeau.

chapeau

lamelle

spores

pied

mycélium

hyphe

L'origine des champignons reste encore mal connue. En revanche, leur utilité est sans équivoque. En plus de nettoyer et de permettre le renouvellement des forêts, les champignons constituent la nourriture principale d'une multitude de petits animaux. En médecine, les champignons tels que les moisissures ont permis de développer de nombreux médicaments, dont la pénicilline. Les champignons occupent également une place de choix dans notre cuisine. La levure, un champignon microscopique, est utilisée dans la fabrication du pain et des boissons alcoolisées. Les moisissures sont essentielles à la fabrication des fromages ! Enfin, les champignons que nous cueillons relèvent le goût de nombreux plats. Mais, attention ! Il faut savoir distinguer les bons... des toxiques !

▲
Le champignon de Paris est le champignon comestible le plus cultivé dans le monde.

Les moisissures qui se développent sur la nourriture avariée sont de minuscules champignons.

Partez gambader dans les verts pâturages anglais. Vous trébucherez peut-être sur une vesse-de-loup géante. Ce champignon qui ressemble à un gros ballon blanc peut atteindre quelque 50 centimètres de diamètre et peser jusqu'à 20 kilogrammes ! Pressez sur son chapeau et s'il est assez vieux, il projettera, tel un volcan, une poudre contenant plusieurs milliards de spores et peut-être… une lettre de l'énigme : **la première lettre du nom d'un champignon mortel.**

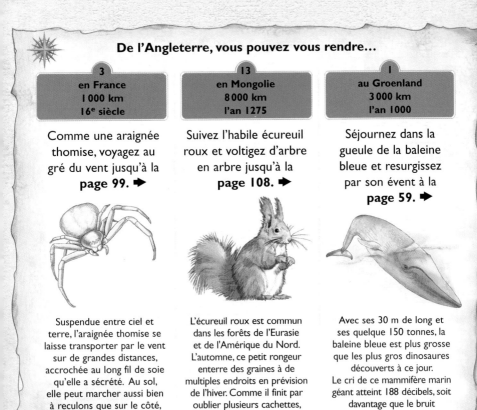

De l'Angleterre, vous pouvez vous rendre…

3 en France 1 000 km 16e siècle	**13** en Mongolie 8 000 km l'an 1275	**1** au Groenland 3 000 km l'an 1000
Comme une araignée thomise, voyagez au gré du vent jusqu'à la **page 99.** ➤	Suivez l'habile écureuil roux et voltigez d'arbre en arbre jusqu'à la **page 108.** ➤	Séjournez dans la gueule de la baleine bleue et resurgissez par son évent à la **page 59.** ➤

Suspendue entre ciel et terre, l'araignée thomise se laisse transporter par le vent sur de grandes distances, accrochée au long fil de soie qu'elle a sécrété. Au sol, elle peut marcher aussi bien à reculons que sur le côté, ce qui lui a valu le surnom d'araignée-crabe.

L'écureuil roux est commun dans les forêts de l'Eurasie et de l'Amérique du Nord. L'automne, ce petit rongeur enterre des graines à de multiples endroits en prévision de l'hiver. Comme il finit par oublier plusieurs cachettes, l'écureuil contribue à la dissémination des graines et au renouvellement des forêts !

Avec ses 30 m de long et ses quelque 150 tonnes, la baleine bleue est plus grosse que les plus gros dinosaures découverts à ce jour. Le cri de ce mammifère marin géant atteint 188 décibels, soit davantage que le bruit au décollage d'un avion gros-porteur !

Un dernier rayon de soleil éclaire faiblement la baie, avant de se dissiper dans les ténèbres. Dans son repaire obscur, le vampire ouvre l'œil. Assoiffé de sang, il déploie son grand manteau noir et s'envole dans la nuit.

Le vampire repère sa prochaine proie, qui sommeille paisiblement dans un hamac, à la belle étoile. Il se pose tout près d'elle, s'approche en douce pour ne pas la réveiller et… se jette dessus ! Ses incisives aussi tranchantes que des lames de rasoir transpercent la chair de sa victime : VOUS !

Rassurez-vous, ce vampire est loin d'être un monstre !!! Il ne s'agit pas du légendaire comte Dracula, mais bien d'une petite créature fascinante d'à peine 10 centimètres : la chauve-souris vampire.

chauve-souris vampire

•••

Les chauves-souris vampires ne se trouvent qu'en Amérique centrale et du Sud. Elles possèdent des incisives coupantes qui leur permettent de pratiquer une petite entaille dans la peau de leurs victimes, habituellement de gros mammifères comme les bovins, les chevaux et, en de rares occasions, l'être humain. La coupure d'à peine 3 millimètres n'est apparemment pas douloureuse et, souvent, ne réveille même pas la victime endormie. La salive des vampires contient une substance, appelée Draculin, qui empêche le sang de coaguler (former une croûte). La chauve-souris peut ainsi laper le liquide rouge à satiété. Contrairement aux autres chauves-souris, les vampires peuvent marcher, courir et sauter. Ces mouvements sont essentiels pour traquer discrètement les victimes...

chauve-souris frugivore

Sur les 970 espèces de chauves-souris, trois seulement possèdent la particularité fort étonnante de se nourrir du sang des animaux. D'autres espèces sont frugivores, c'est-à-dire qu'elles se nourrissent de fruits et de nectar de fleurs, contribuant ainsi à la pollinisation de ces dernières. Mais la grande majorité (près de 70 % des espèces) se nourrit d'insectes. Les chauves-souris jouent un rôle essentiel dans le contrôle de leurs populations. Une seule chauve-souris peut dévorer des centaines de moustiques en une heure !

Les chauves-souris sont les seuls mammifères capables de voler ! Proches parents des primates et des musaraignes, elles ont développé au cours de leur évolution une grande main et de grands doigts qui se sont transformés en ailes. Le nom grec de l'ordre des chauves-souris est d'ailleurs *Chiroptera* (ou chéiroptères), ce qui signifie « main ailée ».

UNE CHAUVE-SOURIS GÉANTE

Le renard volant géant, une chauve-souris frugivore de l'Asie du Sud-Est, possède une envergure d'ailes de près de 2 mètres !

Les chauves-souris sont des animaux nocturnes, c'est-à-dire qu'elles sont actives la nuit. Elles dorment le jour, suspendues la tête en bas dans des grottes, des arbres ou des bâtiments abandonnés. La nuit venue, elles partent à la recherche de leur nourriture. Les chauves-souris n'ont aucune difficulté à se diriger dans l'obscurité puisqu'elles sont dotées d'un sonar ultraperfectionné...

L'ÉCHOLOCATION

Certains animaux, tels que les chauves-souris et les dauphins, s'orientent et chassent à l'aide d'ultrasons. Les chauves-souris émettent des ondes de haute fréquence, invisibles et imperceptibles pour l'oreille humaine. Ces ondes rebondissent sur les objets, les plantes et les animaux environnants et reviennent aux oreilles de la chauve-souris. Plus les éléments sont rapprochés, plus les ondes rebondissent rapidement. La chauve-souris évalue ainsi la distance qui la sépare de ce qui l'entoure. Cette méthode de repérage par ultrasons s'appelle l'écholocation.

Ne quittez pas le monde des chauves-souris sans vous aventurer plus loin dans leur repaire naturel : la grotte. Vous y découvrirez peut-être d'autres animaux exceptionnels vivant exclusivement dans l'humidité et la pénombre. Ces troglobies (des salamandres, des poissons ou des petits crustacés par exemple) sont souvent aveugles et pâles. Regardez ! Dans le faible faisceau de votre lampe frontale se tortille... une lettre de l'énigme : **la deuxième lettre du nom de la nourriture de la chauve-souris vampire.**

À partir du Costa Rica, vous pouvez vous rendre...

26 aux îles Bermudes 3 000 km l'an 1934	32 en Guyane française 3 500 km l'an 1804	31 aux îles Galapagos 1 500 km l'an 1835

Plongez avec le cachalot (et retenez votre souffle pendant près d'une heure !) pour atteindre la **page 19.** ◀

Imitez l'iguane vert et prenez un bain de soleil avant de vous diriger nonchalamment vers la **page 68.** ▶

Assistez à la saison des amours des frégates superbes, qui paradent pour se trouver un partenaire à la **page 51.** ▶

Comme tous les mammifères marins, le cachalot doit respirer hors de l'eau. Mais son mets favori, le calmar géant, vit à plus de 1 000 m sous l'eau. Pour assouvir sa faim, le cachalot doit parfois plonger jusqu'à 3 000 m de profondeur, un record chez les mammifères !

L'iguane vert, qui peut mesurer près de 2 m de long, aime se percher sur une branche au-dessus d'un cours d'eau. Ce grand reptile, qui vit dans les forêts tropicales d'Amérique centrale et du Sud, peut rester des heures immobile, son corps verdâtre parfaitement camouflé parmi le feuillage des arbres.

La frégate superbe mâle possède une poche membraneuse rouge qui gonfle comme un ballon lors de la parade nuptiale. Ce grand oiseau marin plane aisément au-dessus des océans tropicaux, où il harcèle les oiseaux plus petits pour leur subtiliser leurs prises.

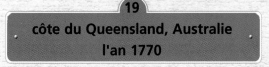

19

**côte du Queensland, Australie
l'an 1770**

Vous faites partie de l'équipage qui accompagne le navigateur anglais James Cook dans son premier voyage d'exploration autour du monde. Votre navire, l'*Endeavour*, vogue dans le Pacifique Sud, une région du monde encore inexplorée.

Alors que vous longez la côte est de l'île que l'on nommera plus tard Australie, le malheur frappe… ou plutôt, vous le frappez ! Un dédale d'écueils forment comme un gigantesque labyrinthe qui bloque l'accès au littoral. La coque de votre navire s'y cogne… et se brise ! Heureusement, grâce aux manœuvres habiles des marins, le bateau réussit à se faufiler sans couler jusqu'au rivage, où il sera réparé. Vous l'avez échappé belle ! Car des dizaines d'autres navires qui oseront comme vous s'aventurer dans ces parages y sombreront…

Le dangereux labyrinthe que vous venez de découvrir n'est pas composé de rochers, mais d'êtres vivants ! Vous venez de traverser la Grande Barrière de corail, l'une des plus grandes merveilles naturelles du monde !

Grande Barrière de corail

Véritable trésor biologique, la Grande Barrière de corail d'Australie couvre une superficie totale de près de 350 000 kilomètres carrés soit presque l'équivalent de la superficie de l'Allemagne ! Constituée de près de 400 espèces de coraux, elle forme un refuge pour plusieurs animaux marins, dont plus de 1 500 espèces de poissons.

environnement corallien

Le corail est composé d'une colonie de polypes, des animaux d'à peine quelques millimètres. Chaque polype possède une bouche centrale entourée de tentacules. Ces créatures au corps mou sécrètent du calcaire, une substance dure qui forme comme une armure de protection autour de l'animal. Lorsqu'un polype meurt, son squelette de calcaire reste intact. Les grands récifs de coraux sont constitués de milliers de générations de polypes morts, empilés les uns sur les autres. Il a fallu des millions d'années à la Grande Barrière d'Australie pour atteindre sa taille actuelle. Elle est aujourd'hui la plus grande construction édifiée par des êtres vivants !

—polype

corail

Les coraux font partie du groupe des cnidaires, qui comprend aussi les méduses et les anémones de mer. Ces animaux marins possèdent des tentacules capables d'injecter à leur proie un venin paralysant. Les cnidaires sont parmi les premiers animaux qui ont peuplé l'océan, il y a plus de 700 millions d'années !

◀ méduse

UNE ASSOCIATION VITALE

Les belles couleurs des récifs de coraux proviennent des multiples algues microscopiques qu'ils hébergent. Les algues fournissent l'oxygène et la nourriture nécessaires à la croissance des coraux. En retour, elles utilisent les déchets produits par les coraux comme engrais pour croître. Comme les algues ont besoin de chaleur et de lumière pour vivre, les coraux se développent surtout dans les eaux chaudes et peu profondes. On les trouve près des tropiques, principalement dans les océans Indien et Pacifique.

Les récifs de coraux attirent une multitude d'animaux qui y cherchent de la nourriture et un endroit sûr pour se cacher. Près du tiers de toutes les espèces de poissons habitent dans ce milieu fragile, menacé par la pollution, le réchauffement planétaire, la pêche et l'industrie touristique.

Poisson-perroquet

La puissante dentition du poisson-perroquet lui permet de broyer les coraux. Une fois le corail digéré, il est transformé en sable blanc. Le poisson-perroquet excrète ainsi chaque année entre 1 et 5 tonnes de sable blanc !

▼

Poisson chirurgien

Lorsqu'il se sent menacé, le poisson chirurgien change de couleur et fait jaillir des épines aussi coupantes que des lames de rasoir sur sa queue. Ce poisson coloré nettoie les coraux en mangeant l'excédent d'algues qui les recouvrent.

▼

Vous avez besoin de faire un brin de toilette avant de repartir !? D'accord, mais pour le service de nettoyage, attendez votre tour ! Le labre nettoyeur se nourrit des parasites encombrant la bouche, les nageoires et les branchies des autres poissons habitant les récifs. Ses services sont si appréciés qu'on fait la file pour en bénéficier. Les labres peuvent servir jusqu'à 2 500 clients par jour, l'équivalent d'environ 2 par minute !

À partir de la Grande Barrière, vous pouvez vous rendre…

30 dans la dorsale Galapagos 12 000 km l'an 1977	18 dans le Nord de l'Australie 800 km l'an 1950	21 dans le Sud de l'Australie 2 000 km l'an 1910

Accompagnez le poisson porc-épic dans une promenade (qui ne manquera pas de piquant !) jusqu'à la **page 135.**

Transformez-vous en mignon poisson-clown et nagez parmi les anémones jusqu'à la **page 63.**

Suivez avec précaution une mygale jusqu'à son repaire à la **page 27.**

Lorsqu'il se sent menacé, le poisson porc-épic remplit d'eau son estomac et se gonfle comme un ballon. Ses piquants, qui sont habituellement aplatis contre son corps, se hérissent. Pour les prédateurs, cette boule piquante est bien peu appétissante.

Le coloré poisson-clown des récifs de coraux dispose d'un abri des plus originaux : les tentacules venimeux des anémones de mer. Le corps du petit poisson est enduit d'une couche visqueuse qui le protège du dangereux venin de l'anémone. Aucun prédateur n'ose venir le chercher dans son refuge.

Les mygales sont, en règle générale, de très grosses araignées qui habitent les régions tropicales. Elles creusent souvent des terriers dans lesquels elles se cachent en attendant de bondir sur une proie de passage.

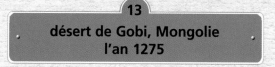

13

désert de Gobi, Mongolie
l'an 1275

Vous venez de parcourir des milliers de kilomètres sur la route de la soie. Ce chemin, qui relie l'Europe à l'Extrême-Orient, tire son nom de la principale marchandise qui y est transportée, un somptueux tissu que les marchands européens font venir de Chine à prix d'or.

Voilà déjà trois ans que votre caravane a quitté l'Europe. Vous accompagnez une famille de commerçants vénitiens : les Polo. Accompagné de son père et de son oncle, le jeune Marco Polo espère devenir l'un des premiers Européens à atteindre la Chine. Mais devant vous se dresse maintenant l'impitoyable désert de Gobi. Et vos chevaux sont épuisés !

Vous croisez un marchand mongol qui vous propose de lui laisser vos bêtes et d'embarquer sur ses « vaisseaux » du désert. Allez ! Ne soyez pas craintif et montez ! Car l'offre de ce marchand, loin d'être une arnaque, vous sauvera d'une mort certaine...

41

Les vaisseaux en question, indispensables pour la longue traversée du Gobi, ne sont pas des engins de haute technologie, mais bien des chameaux !

•••

Le chameau est admirablement bien adapté à la vie dans le désert. Il est domestiqué depuis plus de quatre mille ans par les habitants des régions arides de l'Asie et de l'Afrique. Robuste et endurant, il peut porter jusqu'à 450 kilogrammes, parcourir une cinquantaine de kilomètres par jour et survivre près d'une semaine sans eau ! Il possède sur son dos, sous forme de bosse, une réserve de graisse qui lui fournit de l'énergie pendant les périodes de privation de nourriture et d'eau. Le chameau transpire très peu et produit seulement de petites quantités d'urine et d'excréments secs, ce qui lui permet d'économiser de l'eau et ainsi d'éviter la déshydratation. Après de longues périodes sans boire, il peut avaler en quelques minutes une centaine de litres d'eau qu'il emmagasine dans ses tissus en prévision des temps difficiles. Enfin, grâce à ses oreilles poilues, ses yeux garnis de cils longs et épais et ses narines musclées qui peuvent se fermer complètement, le chameau est apte à affronter les tempêtes de sable du désert.

chameau de Bactriane

CHAMEAUX SAUVAGES

On pensait que tous les chameaux avaient été domestiqués jusqu'à ce qu'on découvre, en 1957, des chameaux de Bactriane sauvages dans le désert de Gobi. En voie d'extinction, ils sont aujourd'hui moins de 1 000.

Il existe deux types de chameaux. Le chameau d'Arabie, aussi appelé dromadaire, possède une seule bosse et vit dans les déserts chauds de l'Afrique et du Moyen-Orient. Le chameau de Bactriane possède deux bosses et vit dans les déserts froids de l'Asie centrale, de la Mongolie et de la Chine. Ce dernier peut supporter des températures de plus de 40 °C l'été et de près de -30 °C l'hiver !

dromadaire

Les deux types de chameaux font partie de la famille des camélidés, qui comprend également le lama, la vigogne, l'alpaca et le guanaco. Ces derniers vivent dans les régions arides et montagneuses d'Amérique du Sud. Les ancêtres de tous les camélidés apparurent en Amérique du Nord il y a 45 millions d'années. Certains migrèrent vers l'Amérique du Sud alors que d'autres profitèrent de l'assèchement du détroit de Béring, il y a 2 à 3 millions d'années, pour traverser de l'Alaska vers l'Asie. Ces derniers grossirent et développèrent une ou deux bosses selon la région géographique où ils s'implantèrent. Les camélidés restés sur leur terre d'origine, en Amérique du Nord, disparurent avec la dernière glaciation, il y a près de 12 000 ans.

lama

DROMADAIRES LIBRES

Au 19e siècle, des dromadaires ont été introduits en Australie pour être utilisés comme moyen de transport dans les zones arides du pays. Au début du 20e siècle, ils ont été remis en liberté et des centaines de milliers peuplent aujourd'hui le désert australien !

Avant de repartir vers d'autres contrées, ne manquez pas de consulter le *Livre des merveilles du monde*, le plus célèbre récit de voyage de tous les temps ! Marco Polo y relate ses aventures en Orient et dépeint en détail le mode de vie des Asiatiques, inconnus des Européens de son époque. Cet ouvrage historique vous guidera dans vos propres déplacements en Asie. Et qui sait ? Ses pages cachent peut-être une lettre de l'énigme : **la première lettre du nom du désert où ont été découverts des chameaux sauvages.**

Du désert de Gobi, vous pouvez vous rendre…

14 **en Inde** 5 000 km l'an 2004	23 **en Alaska** 7 000 km 17ᵉ siècle	2 **en Angleterre** 8 000 km l'an 1450
Envoyez un pigeon voyageur annoncer votre arrivée à la **page 109.** ➡	Traversez le détroit de Béring comme l'ont fait les caribous il y a des milliers d'années pour migrer à la **page 143.** ➡	Revêtez votre manteau blanc d'hiver et sautillez, accompagné d'un lièvre variable, en direction de la **page 29.** ⬅

Le pigeon voyageur possède la faculté extraordinaire de revenir à son lieu d'origine après avoir parcouru plusieurs centaines de kilomètres. Dès l'Antiquité, les humains ont exploité ce don en utilisant les pigeons pour porter des messages vers les contrées lointaines.

Le caribou est un animal nordique qui se nourrit surtout de lichen. Cet imposant cervidé vit en harde de quelques dizaines d'individus. Lors des migrations, ces hardes se rassemblent en troupeaux gigantesques qui peuvent compter des centaines de milliers d'individus !

Le lièvre variable, qui vit dans les Alpes et dans le Nord de l'Europe et de l'Asie, possède la particularité de changer de couleur selon les saisons. En hiver, sa fourrure brune devient blanche et lui permet de se camoufler parfaitement dans la neige !

Au 19ᵉ siècle, la jeune nation américaine se lance à la conquête de l'Ouest. Trappeurs, chercheurs d'or et cultivateurs traversent par milliers les Grandes Plaines et les montagnes de la Sierra Nevada pour atteindre la Californie, une terre prometteuse. Parmi ces pionniers figurent quelques naturalistes, comme vous, amoureux des grands espaces et des paysages inexplorés.

Vous arpentez une forêt majestueuse située dans la Sierra Nevada. Regardez et admirez ! Autour de vous se dressent des arbres qui doivent bien mesurer 100 mètres de haut et dont le tronc gigantesque pourrait contenir toute une maison ! Vous n'avez jamais rien vu de tel ! Vous êtes persuadé que ces végétaux imposants sont âgés de milliers d'années. Mais votre excitation tourne à la désolation lorsque, un peu plus loin, vous voyez que la forêt fait place à des centaines de grosses souches. Une partie de la forêt a disparu ! Cette scène vous déchire le cœur. Au loin, les scieries responsables de ce massacre grondent toujours…

Vous devez absolument révéler au monde l'existence de ces arbres et arrêter les bûcherons qui détruisent ce trésor inestimable !

•••

En 1890, grâce à la lutte acharnée de naturalistes tels que John Muir et George W. Stewart, le gouvernement américain crée le Sequoia National Park, l'un des premiers parcs naturels du monde. Les séquoias géants, les plus gros êtres vivants de la planète, seront dorénavant protégés ! Aujourd'hui, il est difficile d'imaginer que près du tiers de la forêt de séquoias géants a été abattue au 19e siècle pour faire des crayons et des piquets de vignes. En effet, le bois de ces arbres majestueux était trop fragile pour fabriquer quoi que ce soit d'autre...

Les séquoias sont des arbres millénaires qui poussent sur la côte Ouest américaine. Le plus vieux, appelé « Grizzly Giant », est âgé de 2 700 ans ! Ces géants peuvent atteindre et même dépasser la hauteur de 100 mètres. Le plus grand arbre vivant, un séquoia californien de 112,34 mètres, est aussi haut qu'un gratte-ciel de 35 étages ! Le tronc de ces arbres gigantesques peut mesurer à la base de 5 à 10 mètres de diamètre. Les premiers colons de la Sierra Nevada trouvaient refuge dans des séquoias creux et y construisaient même des maisons et des écuries. Aujourd'hui, certains spécimens peuvent être traversés en voiture.

LES CONIFÈRES

Les séquoias sont des conifères, un groupe de végétaux qui comptent, entre autres, les sapins, les pins, les cèdres et les mélèzes. Les conifères sont des arbres résistants. Ils grandissent rapidement, vivent longtemps et peuvent croître dans les climats froids. Ils ont des feuilles en forme d'aiguilles ou d'écailles. Contrairement aux arbres feuillus, qui perdent leurs feuilles en automne, les conifères les conservent généralement l'hiver. Ils ont tous le même type d'organe reproducteur : le cône. Les grains de pollen des cônes mâles, dispersés par le vent, atteignent les cônes femelles et fécondent les graines. Les cônes femelles se mettent alors à grossir et s'ouvrent pour laisser tomber les graines fécondées. En germant, celles-ci formeront de nouveaux arbres. Les conifères sont des arbres primitifs, dépourvus de fleurs. Ils sont apparus aux côtés des fougères il y a quelque 300 millions d'années, c'est-à-dire bien avant les dinosaures !

cône

Le plus gros arbre vivant est un séquoia de Californie appelé « General Sherman ». Avec ses quelque 1 500 tonnes, il est aussi lourd que 300 éléphants !

Le plus vieil arbre vivant est un pin Bristlecone âgé de plus de 4 700 ans. Ce conifère californien, appelé « Methuselah », est aussi vieux que les grandes pyramides d'Égypte !

Ne quittez pas la Californie sans faire une petite balade dans la vallée de la Mort. N'oubliez pas votre gourde d'eau ! Cette région, parmi les plus arides du monde, connaît des températures qui dépassent 50 °C à l'ombre ! Quelques lézards y rôdent… et peut-être aussi les fantômes des chercheurs d'or qui y laissèrent leur vie. Écoutez ! À travers une rafale de vent, l'un d'eux vous murmure une lettre de l'énigme : **la quatrième lettre du nom donné au pin Bristlecone âgé de plus de 4 700 ans.**

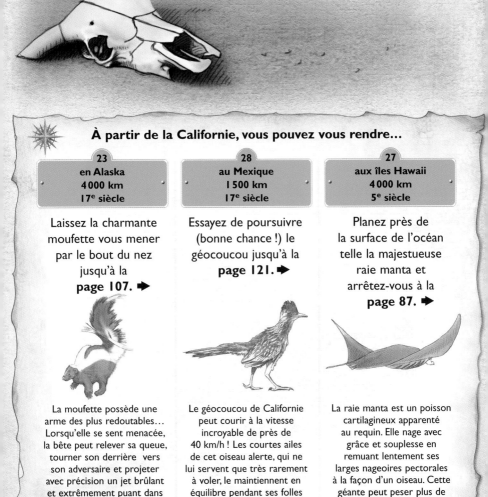

À partir de la Californie, vous pouvez vous rendre…

23	28	27
en Alaska	**au Mexique**	**aux îles Hawaii**
4 000 km	**1 500 km**	**4 000 km**
17e siècle	**17e siècle**	**5e siècle**

Laissez la charmante moufette vous mener par le bout du nez jusqu'à la **page 107.** ➡

Essayez de poursuivre (bonne chance !) le géocoucou jusqu'à la **page 121.** ➡

Planez près de la surface de l'océan telle la majestueuse raie manta et arrêtez-vous à la **page 87.** ➡

La moufette possède une arme des plus redoutables… Lorsqu'elle se sent menacée, la bête peut relever sa queue, tourner son derrière vers son adversaire et projeter avec précision un jet brûlant et extrêmement puant dans les yeux de l'importun.

Le géocoucou de Californie peut courir à la vitesse incroyable de près de 40 km/h ! Les courtes ailes de cet oiseau alerte, qui ne lui servent que très rarement à voler, le maintiennent en équilibre pendant ses folles randonnées désertiques.

La raie manta est un poisson cartilagineux apparenté au requin. Elle nage avec grâce et souplesse en remuant lentement ses larges nageoires pectorales à la façon d'un oiseau. Cette géante peut peser plus de 1 000 kg et posséder une envergure « d'ailes » de plus de 6 m !

48

Le gymnote électrique vit en eau douce. Il ne quittera certainement pas le bassin amazonien pour vous faire traverser l'Atlantique. N'insistez surtout pas ! Si vous l'énervez, ce poisson à l'allure d'un serpent pourrait vous faire subir une décharge électrique foudroyante de 600 volts, ce qui est assez puissant pour vous blesser grièvement. Choisissez un autre mode de déplacement à la page 84. ➤

Éloignez-vous immédiatement de la dangereuse cubo-méduse ! Ses tentacules produisent un venin capable d'entraîner la mort d'un humain en moins de 5 minutes ! Elle est, pour cette raison, considérée comme l'animal le plus venimeux du monde. Une seule méduse contient assez de venin pour tuer 60 adultes ! Enfilez une combinaison qui vous protégera de ses dangereux tentacules avant de continuer votre nage jusqu'à la page 63. ➤

Vous êtes de l'équipage du navire d'exploration britannique *Beagle* qui vient de jeter l'ancre dans un archipel volcanique de l'océan Pacifique. En parcourant ces îles isolées du monde, vous êtes fasciné par le caractère inusité des animaux qui y habitent. Vous avez la chance d'observer des manchots qui supportent la chaleur équatoriale, des iguanes qui font des plongées dans l'océan et des tortues terrestres géantes !

À vos côtés, un jeune naturaliste semble s'intéresser à de petits pinsons qui vous semblent bien banals. Il les dessine dans son calepin de notes, portant une attention toute particulière à leur bec. Le naturaliste vous fait remarquer que les diverses espèces de pinsons, bien que très semblables, présentent une forme de bec différente selon l'endroit où elles habitent dans l'archipel. Trapu ou pointu, leur bec semble être adapté à la nourriture disponible sur leur île. Et le savant poursuit son raisonnement en affirmant que ces oiseaux pourraient posséder un ancêtre commun. Les descendants de celui-ci, en se dispersant, se seraient lentement adaptés à des environnements différents.

Attention, les observations de ce jeune naturaliste sont sur le point de bouleverser notre conception du monde et de créer une véritable révolution !

Croyez-le ou non, votre compagnon d'aventure est nul autre que Charles Robert Darwin, considéré comme le créateur de la théorie de l'évolution ! Le 24 novembre 1859, soit près de 30 ans après son départ à bord du *Beagle*, il dévoilera au grand jour sa théorie et publiera *L'Origine des espèces* ! En une journée seulement, les 1 250 exemplaires imprimés seront vendus.

•••

Selon la théorie élaborée par Darwin, les individus d'une même espèce ne sont pas tous identiques. Certains possèdent des caractéristiques avantageuses dans un environnement donné. Chez les girafes, par exemple, les individus aux cous plus longs ont plus de chance d'atteindre les feuilles des arbres de la savane; ceux dont le cou est plus court meurent, faute de pouvoir se nourrir correctement. Les survivants, qui ont un plus long cou, se reproduisent entre eux et transmettent cette caractéristique « gagnante » à leur progéniture. Chaque génération est donc mieux adaptée à son environnement que la précédente. C'est ainsi que, sur des milliers, voire des millions d'années, de nouvelles espèces font leur apparition, tandis que d'autres s'éteignent. Darwin nomma « sélection naturelle » ce phénomène conduisant la nature à sélectionner les individus les mieux adaptés à leur environnement. Sur les îles Galapagos, les pinsons au bec mince et pointu ont survécu aux endroits où les insectes étaient abondants, alors que les pinsons au bec court et trapu ont proliféré dans les lieux regorgeant de graines.

Le livre *L'Origine des espèces* fit l'effet d'une bombe dans les milieux religieux et scientifiques. En effet, son contenu allait à l'encontre de la Bible, selon laquelle chaque espèce vivante avait été créée telle

Charles Robert Darwin

quelle par Dieu. Et ce qui scandalisa particulièrement les gens de l'époque, ce n'est pas tant l'évolution des pinsons ou des girafes, mais celle des humains. En effet, la théorie sur l'évolution des espèces de Darwin sous-entendait que l'être humain avait un ancêtre commun avec le singe !

UNE THÉORIE CHOQUANTE

On raconte que, après avoir lu le livre de Darwin, l'épouse de l'évêque de Worcester déclara : « Descendre du singe ?! Espérons que ce n'est pas vrai… Mais si ça l'est, prions pour que la chose ne s'ébruite pas… »

Au 20e siècle, la génétique fit son apparition. Cette nouvelle science viendra confirmer la théorie de Darwin. En effet, les gènes sont des molécules chimiques qui contiennent le code de fabrication de tous les êtres vivants. Comme les gènes se transmettent de génération en génération, ils permettent d'établir un lien de parenté entre les espèces qui possèdent un code génétique très semblable (l'être humain et le chimpanzé par exemple). Aujourd'hui, la plupart des scientifiques ont accepté la théorie de l'évolution.

Avec leur imposante carapace de plus de un mètre, leur poids de près de 250 kilogrammes, leur marche extrêmement lente (0,5 km/h) et leur longévité de plus de 150 ans, les tortues géantes des Galapagos semblent tout droit sorties de la Préhistoire. La vérité n'est pas loin, puisque les tortues forment un groupe de reptiles primitifs apparus il y a un peu plus de 200 millions d'années, à l'époque des premiers dinosaures. Approchez ! Ces géantes qui ont traversé le temps pourraient vous transmettre une lettre de l'énigme : **la première lettre du prénom du créateur de la théorie de l'évolution.**

Des îles Galapagos, vous pouvez vous rendre...

30	29	34
dans la dorsale Galapagos **500 km** l'an 1977	**au Costa Rica** **1500 km** l'an 2006	**au Pérou** **2500 km** 12e siècle

Plongez dans l'océan tel l'intrépide iguane marin et nagez vers la **page 135.** ➡

Planez au-dessus des vagues tel un poisson volant jusqu'à ce que vous atteigniez la **page 33.** ⬅

Suivez un drôle de fou aux pattes bleues dans un vol étourdissant qui vous mènera à la **page 113.** ➡

L'iguane marin vit uniquement sur les côtes rocheuses des îles Galapagos. Ce gros reptile qui se nourrit d'algues est le seul lézard marin connu. Il nage grâce à sa puissante queue et peut plonger à quelques mètres de profondeur pour trouver sa nourriture.

Pour échapper à ses prédateurs, l'exocet fonce rapidement vers la surface et bondit hors de l'eau. En soulevant ses longues nageoires et en frappant les vagues avec sa queue, il peut planer au-dessus de l'eau sur près de 180 m.

Le fou à pattes bleues niche sur les îles arides du Pacifique, près des côtes de l'Amérique centrale et du Sud. Ce gros oiseau marin vole au-dessus de l'océan à la recherche de poissons. Lorsqu'il en repère un, il effectue un spectaculaire vol en piqué et plonge pour s'en emparer.

Vous êtes le meilleur pêcheur de toute l'Égypte. Le produit de votre pêche, destiné à la reine Cléopâtre en personne, vaut bien plus que l'or… Car lorsque vous plongez en mer, c'est pour trouver, non pas des poissons, mais la plus prisée des gemmes : la perle. Les Romains et les Égyptiens fortunés sont fous des perles ! Ils en décorent leurs vêtements, leurs meubles et même leurs chevaux. Mais ces petites pierres rondes sont rares. Une seule huître sur plusieurs milliers en renferme une !

Au cours d'une plongée, vous remarquez à travers l'eau trouble une sorte d'huître géante. Jamais vous n'avez vu un coquillage aussi gros. Retenez encore un peu votre souffle et approchez-vous. À l'intérieur de la coquille entrouverte brille une énorme perle ! Mais alors que vous mettez la main sur le joyau, la coquille commence à se refermer… Vous pensez alors aux histoires de coquillages monstrueux qui emprisonnent les plongeurs insouciants dans leur coquille. Sauve qui peut !

Calmez-vous ! Ces histoires ne sont que des légendes ! Ce coquillage, qui porte le nom de bénitier géant, est certes gigantesque, mais il est inoffensif et végétarien de surcroît ! Le bénitier géant se nourrit exclusivement des minuscules algues qui vivent à l'intérieur de sa coquille. Lorsqu'il se sent menacé, cet animal paisible ferme sa coquille très lentement. Le bénitier adulte est incapable de la fermer complètement. Difficile, dans ces circonstances, de piéger une personne ou même un poisson...

bénitier géant

Le bénitier géant vit dans les récifs de coraux, dans les eaux tropicales peu profondes des océans Indien et Pacifique. Avec une largeur de 1,3 mètre et un poids de près de 250 kilogrammes, le bénitier géant est le plus gros coquillage du monde ! En plus d'être immense, il est aussi un des animaux les plus féconds ! Au cours de chaque saison de reproduction, les mâles et les femelles peuvent déverser dans l'eau plus de 1 000 millions de cellules sexuelles. Parmi celles-ci, certaines se rencontreront pour former un nouvel individu.

Les bénitiers géants font partie de l'embranchement des mollusques, des animaux au corps mou possédant généralement un pied musculeux et une coquille protectrice. Apparus dans les océans il y a près de 600 millions d'années, les mollusques comptent aujourd'hui plus de 100 000 espèces et regroupent des animaux aussi diversifiés que l'escargot, l'huître et la pieuvre. Certains mollusques

littorine

patelle

possèdent une coquille en spirale ou en cône, comme la littorine, la patelle et l'escargot (un des rares mollusques terrestres). Les moules, les huîtres et les bénitiers sont des mollusques bivalves, c'est-à-dire qu'ils possèdent une coquille divisée en deux parties. Chez d'autres mollusques, la coquille protectrice est inexistante et le pied est divisé en tentacules. C'est le cas de la seiche, du calmar et de la pieuvre, des mollusques au cerveau très développé.

escargot

moule

pieuvre

LES PERLES

Les perles se forment lorsqu'une particule étrangère, comme un grain de sable, se glisse dans la coquille d'un mollusque bivalve, comme l'huître. L'animal sécrète alors de la nacre, une substance qui enveloppe la particule étrangère pour l'empêcher d'irriter l'intérieur de la coquille. Avec le temps, les multiples couches de nacre qui se forment autour du débris créent une perle. La plus grosse perle du monde mesure 24 centimètres de long. Elle a été trouvée à l'intérieur d'un bénitier géant.

Profitez de votre séjour sur les côtes égyptiennes pour faire trempette dans la mer Rouge, l'une des mers les plus chaudes du monde. Mais ne vous aventurez pas trop profondément… L'activité volcanique au fond de l'eau fait grimper la température, qui peut frôler les 56 °C à 2 000 mètres sous la surface. Aïe !

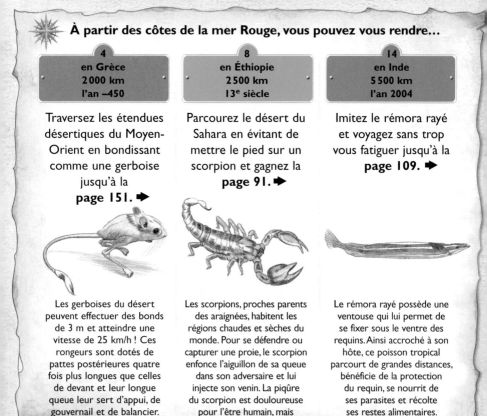

À partir des côtes de la mer Rouge, vous pouvez vous rendre…

4
en Grèce
2 000 km
l'an –450

8
en Éthiopie
2 500 km
13e siècle

14
en Inde
5 500 km
l'an 2004

Traversez les étendues désertiques du Moyen-Orient en bondissant comme une gerboise jusqu'à la **page 151.** ➤

Parcourez le désert du Sahara en évitant de mettre le pied sur un scorpion et gagnez la **page 91.** ➤

Imitez le rémora rayé et voyagez sans trop vous fatiguer jusqu'à la **page 109.** ➤

Les gerboises du désert peuvent effectuer des bonds de 3 m et atteindre une vitesse de 25 km/h ! Ces rongeurs sont dotés de pattes postérieures quatre fois plus longues que celles de devant et leur longue queue leur sert d'appui, de gouvernail et de balancier.

Les scorpions, proches parents des araignées, habitent les régions chaudes et sèches du monde. Pour se défendre ou capturer une proie, le scorpion enfonce l'aiguillon de sa queue dans son adversaire et lui injecte son venin. La piqûre du scorpion est douloureuse pour l'être humain, mais rarement mortelle.

Le rémora rayé possède une ventouse qui lui permet de se fixer sous le ventre des requins. Ainsi accroché à son hôte, ce poisson tropical parcourt de grandes distances, bénéficie de la protection du requin, se nourrit de ses parasites et récolte ses restes alimentaires.

Vous naviguez en direction du soleil levant, accompagné des autres membres de votre communauté inuite. Vos kayaks se faufilent avec adresse entre les nombreux icebergs flottant sur l'océan. C'est le début d'un été qui sera bref. Grâce à la fonte partielle de la banquise, vous pouvez voguer à la recherche d'un nouveau site de chasse. L'emplacement de votre futur campement a été déterminé par le vieux chaman. Celui-ci a vu en rêve une île immense et prometteuse ainsi qu'un saule centenaire près duquel il fallait installer les tentes. L'esprit de l'arbre veillera sur la communauté.

Regardez ! Une terre se détache lentement de l'horizon. Pagayez !

Vous accostez et foulez avec excitation le sol de ce territoire encore vierge. Bientôt, le chaman trouve le vieux saule de ses rêves et vous fait signe de le rejoindre. Vous ne voyez pourtant aucun arbre. Devant vous s'étend une plaine rocheuse à peine garnie de quelques mousses…

Baissez les yeux ! Le saule est à vos pieds. Bien qu'âgé de plus de cent ans, cet arbre nain mesure à peine quelques centimètres de hauteur. Ses branches rampent à même le sol. Voici le vénérable saule arctique, un des plus petits arbres existants et aussi un des seuls capables de supporter le climat froid et sec du Grand Nord.

saule arctique

•••

Le saule arctique ne dépasse pas 15 à 20 centimètres de hauteur et vit, comme son nom l'indique, sur les terres entourant le pôle Nord. Sa croissance est extrêmement lente (quelques millimètres par année) en raison des hivers longs et glaciaux et des étés courts et frais. Ses racines, peu profondes, s'accommodent de la mince couche de sol arctique et ses feuilles, recouvertes de poils, sont résistantes au froid.

Le saule arctique représente bien le type de plante qui se développe dans la toundra, la zone de végétation associée aux climats froids. La toundra est formée de mousses, de lichens, d'herbes et d'arbres nains qui poussent au ras du sol. Ces plantes de petite taille résistent bien aux violents vents polaires et se sont adaptées à la pauvreté du sol, gelé presque en permanence.

paysage de toundra

Le Grand Nord n'est pas le domaine exclusif des végétaux. Plusieurs animaux, tels que l'ours blanc, le lièvre arctique, le bœuf musqué, le renard polaire, le morse et le phoque y habitent en permanence. Pour survivre dans cet environnement inhospitalier, la plupart d'entre eux possèdent une épaisse couche de graisse et une fourrure dense, souvent blanche, qui leur permettent de résister au froid et de se camoufler dans la neige. D'autres animaux, comme les oiseaux migrateurs, visitent l'Arctique au printemps et en été, au moment où la mince surface dégelée du sol fait renaître la végétation. L'automne venu, ces visiteurs saisonniers repartent vers des régions plus chaudes.

Renard polaire ▶

Le renard polaire possède un corps parfaitement adapté au rude climat arctique. Son épais pelage lui permet de supporter des températures de −70 °C. Ses oreilles et son museau sont courts, ce qui empêche la chaleur de quitter son corps par ces extrémités vulnérables au froid.

◀ Bœuf musqué

Dans la toundra arctique, les bœufs musqués se serrent les uns contre les autres pour se réchauffer. Ces mammifères herbivores possèdent un lourd manteau de fourrure qui les protège du froid et de l'humidité. Les bœufs musqués peuvent supporter des températures de −70 °C.

Morse ▶

Le morse est un mammifère marin de l'Arctique qui pèse près d'une tonne. Un seul de ses repas peut contenir 4 000 palourdes ! Ses défenses, qui mesurent jusqu'à un mètre de long, lui servent à combattre, à hisser son gros corps sur la glace ou à déloger des coquillages au fond de l'eau.

Glissez-vous dans l'ouverture circulaire d'un kayak pour une randonnée d'observation de phoques sur l'océan Arctique. Le phoque était jadis au cœur de la vie de plusieurs communautés inuites. Sa chair, sa peau et ses os formaient, en effet, l'essentiel de leur nourriture, de leurs vêtements, de leurs tentes et de leurs outils. Soyez attentif car tout près de votre kayak pourrait émerger la tête de cet animal curieux ou encore une lettre de l'énigme : **la première lettre du nom de la zone de végétation associée aux climats froids.**

À partir du Groenland, vous pouvez vous rendre…

24	2	23
au Canada 2 500 km 16e siècle	**en Angleterre** 3 000 km l'an 1450	**en Alaska** 6 000 km 17e siècle

Suivez le chant harmonieux du béluga, de l'océan Arctique jusqu'au fleuve Saint-Laurent, à la **page 77.** ➡

Comme le saumon de l'Atlantique, quittez l'océan pour remonter un cours d'eau jusqu'à la **page 29.** ⬅

Suivez les traces de l'ours blanc qui traverse l'Arctique pour se rendre à la **page 28.** ⬅

Les bélugas habitent dans les eaux froides et peu profondes entourant l'Amérique du Nord et le Nord de l'Europe. Ces petites baleines blanches communiquent entre elles en utilisant une grande variété de sons, ce qui leur a longtemps valu le surnom de « canaris de la mer ».

Après avoir passé sa vie adulte en mer, le saumon remonte sa rivière natale pour se reproduire. Triomphant du fort courant et des obstacles, il peut parcourir plus de 100 km par jour ! Ses petits resteront dans la rivière quelque temps avant de partir à leur tour vers l'océan.

L'ours blanc peut mesurer 2,6 m et peser 800 kg, soit l'équivalent d'une petite voiture. Sa fourrure blanche le rend invisible lorsqu'il chasse sur la banquise. Ce grand carnivore infatigable peut aussi nager pendant des heures à la recherche de phoques ou de poissons.

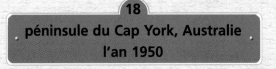

Les premières lueurs du matin effleurent la campagne broussailleuse du Nord de l'Australie. Vous vous êtes encore une fois levé tôt pour pouvoir capturer l'animal que vous cherchez inlassablement depuis des semaines. Vous inspectez chaque rocher, terrier et tronc d'arbre évidé.

Sur le point d'abandonner vos recherches, vous entendez un bruit perçant provenant d'un amoncellement de déchets. En fouillant dans les décombres, vous tombez enfin sur la créature que vous cherchez. La longue bête brune est occupée à dévorer un petit rongeur. Restez calme. Vous savez que ce prédateur impitoyable mord à la vitesse de l'éclair. Vous devez être plus agile que lui, sans quoi il vous tuera. D'un mouvement brusque, vous le saisissez derrière la tête. Ne le blessez pas. Vous devez le capturer vivant. Son venin, bien que mortel, permettra de sauver des vies !

Croyez-le ou non, la créature qui se tortille dans vos mains est un taïpan côtier, un des serpents les plus venimeux du monde. Le venin mortel de ce reptile de 2,5 mètres de long sera utilisé pour élaborer un antidote efficace contre… la morsure du taïpan.

taïpan côtier

LA CRÉATION D'UN ANTIDOTE

Alors que la plupart des gens sont terrorisés à l'idée de rencontrer un serpent venimeux, certains les recherchent. Ces chasseurs de serpents les capturent avec précaution et les font mordre dans un contenant pour recueillir leur venin. Celui-ci est par la suite administré, à très petites doses, à un animal tel que le cheval. Celui-ci développe graduellement une résistance au poison. Les scientifiques utilisent ensuite le sang du cheval pour créer un antidote pour les humains. La chasse au serpent est un métier dangereux. En 1950, l'Australien Kevin Buddon, qui contribua à l'élaboration du premier antidote contre la morsure du taïpan, fut accidentellement mordu. En travaillant à sauver des vies, il y laissa la sienne…

Les serpents sont des reptiles au corps allongé, dépourvu de membres. Ils ondulent avec souplesse en prenant appui sur le relief de leur environnement (plantes, cailloux, etc.). Certaines espèces de serpents, comme les taïpans, les cobras et les vipères, sont dotées d'un arsenal meurtrier : deux crochets par lesquels s'écoule un poison fabriqué par des glandes à venin. En enfonçant leurs crochets dans le corps d'une proie, ces serpents lui administrent un venin paralysant. D'autres serpents, comme le boa et le python, tuent leur proie en s'enroulant autour d'elle. Les mâchoires des serpents,

vipère aspic

d'une élasticité étonnante, leur permettent d'engloutir des proies beaucoup plus grosses qu'eux. Le python de Séba, qui mesure près de 7 mètres de long, peut avaler une antilope de 60 kilogrammes.

La classe des reptiles regroupe les serpents, les lézards, les tortues et les crocodiles. Les reptiles possèdent des poumons pour capter l'oxygène de l'air, une peau sèche recouverte d'écailles qui empêche les pertes d'eau et une température du corps qui varie selon la température ambiante. Les reptiles doivent se chauffer au soleil lorsque la température de leur corps est trop basse ou s'abriter à l'ombre lorsqu'elle est trop haute. Ils pondent des œufs étanches, bien adaptés aux environnements secs. Il y a près de 300 millions d'années, alors que la terre était peuplée d'animaux essentiellement aquatiques tels que les poissons et les amphibiens, les reptiles firent leur apparition. Ils furent les premiers à s'adapter complètement à la vie terrestre.

MALIN OU DIVIN ?

Le serpent, plus que tout autre animal, est victime d'une bien mauvaise réputation. Les chrétiens le voient carrément comme le symbole du mal. Pourtant, certaines sociétés asiatiques érigent des temples et organisent des festivals en son honneur. Les Aztèques et les anciens Égyptiens le considéraient comme un dieu. Les Grecs et les Romains de l'Antiquité l'associaient à la guérison. Encore aujourd'hui, l'emblème de la médecine est un bâton autour duquel est enroulé un serpent...

L'Australie est le paradis des serpents. Plus de 100 espèces y habitent. Le venin éjecté lors d'une seule morsure du taïpan *Oxyuranus microlepidotus* (cousin du taïpan côtier) pourrait tuer 250 000 souris… ou une trentaine d'humains ! C'est le serpent terrestre le plus venimeux du monde. Heureusement, cette espèce rare vit dans les régions reculées du centre de l'Australie, en plein désert. Vous risquez donc bien plus de mettre le pied sur une lettre de l'énigme que sur cette terrible créature : **la première lettre du prénom de l'Australien qui contribua à l'élaboration de l'antidote contre la morsure du taïpan.**

Du Nord de l'Australie, vous pouvez vous rendre…

19	17	16
dans l'Est de l'Australie	en Malaysia	en Indonésie
800 km	3 500 km	2 500 km
l'an 1770	15e siècle	l'an 1000

Suivez (avec prudence !) les ondulations du serpent marin jusqu'à la **page 37.** ◀

Enfoncez-vous tranquillement dans l'océan et suivez le crocodile marin jusqu'à la **page 134.** ▶

Nagez derrière la petite pieuvre à anneaux bleus (en gardant vos distances !) jusqu'à la **page 15.** ◀

Le serpent marin nage sous l'eau en utilisant sa queue comprimée comme une pagaie. Son venin est beaucoup plus puissant que celui de n'importe quel serpent terrestre. Néanmoins, ce serpent nonchalant ne mord pas les humains, sauf s'il est provoqué.

Le crocodile marin vit dans les eaux côtières de l'Asie et du Nord de l'Australie. Cette bête féroce, qui peut mesurer 7 m de long, est le plus gros reptile du monde. Attention ! Les crocodiles marins dévorent tout sur leur passage !

La pieuvre à anneaux bleus peut faire apparaître sur son corps une multitude d'anneaux bleus. Ces derniers annoncent aux intrus que sa morsure est extrêmement venimeuse. Les pieuvres modifient leur coloration grâce à des pigments de leur peau qui peuvent se concentrer ou se disperser.

Attention ! Vous avez décidé de suivre l'animal le plus meurtrier de la planète ! La piqûre de la femelle de l'anophèle, une espèce de moustique répandue dans les régions tropicales, peut injecter dans le sang des humains le parasite responsable du paludisme (ou malaria). Cette dangereuse maladie tue près de 2 millions de personnes chaque année ! Vous devez absolument vous munir d'un bon insectifuge avant de poursuivre votre parcours vers la page 95. ➤

L'iguane vert n'aime pas se presser... D'autant plus qu'il est un animal à sang froid, c'est-à-dire que la température de son corps varie selon la température ambiante. Ce reptile nonchalant doit, par conséquent, prendre de nombreux bains de soleil pour se réchauffer lors des journées fraîches et des bains d'eau ou de boue pour se rafraîchir lors des journées chaudes. Patience ! Il finira, lentement mais sûrement, par vous guider vers la page 11. ◄

Accroupi derrière une colline, vous guettez un troupeau de grosses bêtes qui broutent paisiblement l'herbe de la steppe. Lentement, vous vous redressez et commencez à tendre votre arc. Avec un peu de chance, vous rapporterez au village de quoi faire un repas copieux. Mais alors que vous êtes sur le point de tirer, l'une des bêtes vous entend et donne l'alerte au reste du troupeau qui file loin dans la plaine. Rabaissez votre arc et admirez leur course fougueuse. Comme vous aimeriez être aussi rapide !

Un éclair de génie traverse votre esprit. Vous vous remettez à traquer le troupeau, mais cette fois, en ayant à l'esprit autre chose que leur chair savoureuse…

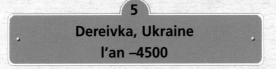

Le soir venu, votre retour à la maison se fait de façon spectaculaire ! En effet, vous revenez non pas avec du gibier sur le dos, mais bien SUR le dos du gibier ! Vous traversez en trombe votre petit village, sous le regard abasourdi de ses habitants. L'animal fougueux que vous venez de monter pour la première fois est nul autre que le cheval ! Au galop !

•••

Les humains de la préhistoire chassaient les chevaux sauvages pour leur viande. Il y a près de 6 000 ans, les peuples des steppes de l'Ukraine et de l'Asie centrale ont commencé à les apprivoiser pour le transport des personnes et des charges. Les scientifiques ont déterré dans cette partie du monde des dents de chevaux datant de cette époque. Celles-ci montrent des signes de l'utilisation d'un mors, la pièce du harnais que l'on insère dans la bouche du cheval. Depuis qu'ils ont été domestiqués et jusqu'au 20ᵉ siècle, les chevaux ont joué un rôle crucial dans les sociétés humaines, que ce soit en tant qu'instruments de labour, bêtes de charge, moyens de transport ou armes de guerre. Ils auront, pendant des milliers d'années, été le plus rapide et le plus efficace des véhicules !

LES DERNIERS CHEVAUX SAUVAGES

Les derniers chevaux sauvages, originaires de Mongolie, sont les chevaux de Przewalski. Aujourd'hui, ils ne sont pas plus de 1 000 et vivent en captivité dans divers parcs zoologiques du monde. Les troupeaux de chevaux « sauvages » qu'on trouve notamment en Amérique du Nord et en Amérique du Sud sont en fait des chevaux domestiqués retournés à la nature.

cheval de Przewalski

On reconnaît deux grandes catégories de chevaux. Les chevaux de selle, domestiqués au Moyen-Orient et en Afrique du Nord, sont svelte, endurants et rapides. Ils ont été développés pour la course. Les chevaux de trait sont plus costauds et plus lents. Ils ont été domestiqués en Europe pour tirer et porter de lourdes charges. Une troisième catégorie de chevaux, moins connue, a été développée en Grande-Bretagne. Ce sont des poneys, c'est-à-dire des chevaux très petits, même à l'âge adulte. La race shetland a la taille d'un gros chien !

cheval de trait   poney shetland   cheval de selle

COURIR SUR LE BOUT D'UN DOIGT

Les chevaux font partie de la famille des équidés, qui comprend aussi l'âne et le zèbre. Ces herbivores aux longues jambes et au corps musclé ont la particularité de posséder un seul doigt à chaque patte. Ce doigt est recouvert d'un ongle robuste : le sabot. Il y a près de 50 millions d'années, l'ancêtre des équidés était un mammifère qui avait à peu près la taille d'un renard. Celui-ci marchait sur plusieurs doigts et habitait les forêts de l'hémisphère Nord. Avec l'assèchement des continents et la transformation de plusieurs forêts en prairies, ses descendants ont lentement évolué. Leurs jambes se sont allongées et plusieurs doigts latéraux ont progressivement disparu. Ces nouvelles adaptations leur ont permis de gagner de la vitesse, un atout crucial pour échapper aux prédateurs de la plaine.

Ne quittez pas les plaines de l'Ukraine sans visiter Kiev, la somptueuse capitale du pays, qui s'étend le long du fleuve Dniepr. La « ville aux quatre cents églises » abrite des édifices religieux coiffés de magnifiques coupoles dorées et un monastère millénaire, construit à même un réseau de grottes ! Allumez votre lampe de poche ! Ces cavernes sacrées cachent des momies de moines datant du 11e siècle, parfaitement préservées, ainsi qu'une lettre de l'énigme : **la deuxième lettre du nom donné aux derniers chevaux sauvages.**

À partir de l'Ukraine, vous pouvez vous rendre…

13 en Mongolie 5000 km l'an 1275	4 en Grèce 1500 km l'an −450	14 en Inde 6000 km l'an 2004
Empruntez les ailes du faucon pèlerin et gagnez en un temps record la **page 41.** ◀	Empruntez la démarche particulière du mille-pattes et arpentez lentement le sol européen jusqu'à la **page 151.** ▶	Soufflez sur les graines du pissenlit et voyez le vent les transporter jusqu'à la **page 109.** ▶

Le faucon pèlerin est le plus rapide de tous les animaux. Il peut voler à une vitesse de près de 180 km/h ! Et lorsque du haut du ciel il a repéré une proie, il pique tête première sur celle-ci à une vitesse pouvant atteindre 320 km/h !	Aucun mille-pattes ne possède véritablement 1000 pattes. La majorité des espèces en ont moins de 300. Ces créatures avancent les pattes d'un même côté presque simultanément, chacune accusant un léger retard sur celle de devant, ce qui crée l'illusion d'une onde parcourant leur corps.	Originaire de l'Europe et de l'Asie, le pissenlit s'est rapidement répandu aux quatre coins du monde. Les graines de cette plante, qui ressemblent à de petits parachutes, sont facilement dispersées par le vent à des kilomètres à la ronde.

Gansbaai, Afrique du Sud
l'an 1992

Vous attendez avec excitation de pouvoir plonger sous l'eau à partir d'un petit bateau, au large de Gansbaai, en Afrique du Sud. Au signal du capitaine de l'expédition, vous vous enfoncez dans l'eau, muni de palmes, d'un masque et d'une bouteille d'air.

Pour l'instant, vous ne voyez que le flux de bulles s'échappant de votre équipement de plongée. Mais bientôt, un banc de poissons traverse votre champ de vision. Puis, un phoque curieux commence à tourner autour de vous. Amusé, vous admirez sa petite danse, sans vous douter qu'une autre créature des plus terrifiantes vous a repéré. Celle-ci nage lentement dans votre direction. Le phoque prend soudainement la fuite. Vous retournant pour voir ce qui l'a effrayé, vous tombez sur une gueule immense, étalant des rangées de dents pointues, acérées comme des poignards !

Pas de panique ! Le nez pointu de ce monstre marin se cognera à la cage spéciale qui vous protège. Voici enfin la vedette que vous attendiez… et le prédateur le plus redoutable de l'océan : le grand requin blanc !

•••

Le grand requin blanc est le plus gros poisson carnivore. Il mesure entre 4 et 6 mètres de long et pèse entre 1 000 et 2 000 kilogrammes ! Ce prédateur féroce vit dans les eaux peu profondes des mers chaudes et tempérées, notamment près des côtes californiennes, australiennes et sud-africaines. Le grand requin blanc a une gueule terrifiante qui, contrairement à celle du dauphin, n'inspire pas la sympathie. De plus, les films d'horreur tels que *Les dents de la mer* lui ont fait une bien mauvaise publicité. Cette image de « méchant » lui a beaucoup nui car, en dépit de son tempérament féroce, ce requin est vulnérable. Victime des filets de pêche et de la diminution du nombre de ses proies, il est menacé de disparition. L'Afrique du Sud a été le premier pays à le protéger au début des années 1990. D'autres, comme les États-Unis et l'Australie, lui ont emboîté le pas.

grand requin blanc

NAGER OU COULER

Contrairement aux autres poissons, les requins n'ont pas de vessie natatoire, un organe permettant de flotter. Pour ne pas couler, ils doivent nager jour et nuit.

Chaque année, les pêcheurs tuent volontairement ou accidentellement jusqu'à 100 millions de requins. De leur côté, les requins attaquent entre 50 et 100 humains annuellement ce qui, par comparaison, paraît minime. De plus, neuf victimes de requin sur dix survivent à la morsure ! Les requins ne pourchassent pas délibérément les humains. Au moment d'une attaque, le requin prend probablement le nageur pour une de ses proies. Comme l'être humain ne fait pas partie de son régime alimentaire, il le relâche après la première « bouchée ». De plus, sur les quelque 400 espèces de requins peuplant les océans, une dizaine seulement sont considérées comme dangereuses. Le grand requin blanc, le requin tigre et le requin bouledogue sont responsables du plus grand nombre d'attaques.

requin tigre

requin bouledogue

Les requins peuvent manger toutes sortes de créatures marines : des poissons, des tortues, des oiseaux, des phoques et même d'autres requins ! Leur formidable odorat leur permet de détecter une proie à des kilomètres. Le grand requin blanc pourrait localiser une seule goutte de sang dans une piscine olympique !

FOSSILES VIVANTS

Les poissons sont apparus dans les océans il y a près de 500 millions d'années. Ce sont les premiers vertébrés, c'est-à-dire les premiers animaux dotés d'une colonne vertébrale. Leur squelette primitif n'était pas encore constitué d'os mais plutôt de cartilage, une matière souple et résistante. Les requins, qui ont conservé ce squelette cartilagineux, n'ont pratiquement pas changé depuis leur apparition dans les mers il y a environ 430 millions d'années. Ce sont de véritables fossiles vivants !

Ne quittez pas l'Afrique du Sud sans visiter Le Cap, l'une des plus belles villes du monde. Montez dans le téléphérique qui mène au sommet de Table Mountain, une montagne en forme de table qui domine la ville. Vous aurez alors une vue splendide sur l'océan, les plages, le port, les vignobles et les montagnes environnantes.

À partir de l'Afrique du Sud, vous pouvez vous rendre…

10	12	22
en Namibie 1 500 km l'an 2006	**à Madagascar** 3 500 km 18e siècle	**en Antarctique** 7 500 km l'an 1902

Parcourez la savane à fond de train accompagné du springbok et arrêtez-vous à la **page 117.** ➡

Suivez le cœlacanthe qui vous fera voyager dans le temps jusqu'à la **page 147.** ➡

Agrippez-vous à la nageoire dorsale de l'orque épaulard et gagnez rapidement la banquise de la **page 125.** ➡

Le springbok peut courir à une vitesse dépassant 80 km/h et effectuer des sauts d'une longueur record de 15 m ! Cette antilope dégourdie, qui peut parcourir de très grandes distances sans se fatiguer, laisse bien souvent le prédateur épuisé… loin derrière elle.

Le cœlacanthe est un poisson préhistorique apparu il y a 400 millions d'années. Il est considéré comme l'un des premiers vertébrés (animaux possédant une colonne vertébrale). Les scientifiques le croyaient disparu jusqu'à ce qu'on en retrouve un vivant au large de l'Afrique du Sud !

Avec un corps d'une longueur de près de 10 m, l'orque épaulard est le plus grand et le plus rapide des dauphins. Ce géant des mers peut projeter hors de l'eau son énorme corps de plus de 7 tonnes et réaliser des bonds spectaculaires de 6 m de haut !

vallée du Saint-Laurent, Canada
16e siècle

Vous récoltez tranquillement le maïs dans un village iroquois. Votre journée de travail terminée, vous vous apprêtez à regagner la grande maison communautaire lorsque vous réalisez que le petit cours d'eau qui arrose habituellement le champ est asséché. Qui a bien pu s'approprier l'eau du ruisseau ? Une créature à la soif insatiable ? Le Soleil trop ardent ? Courez vers l'amont ! Vous y dénicherez sans doute le coupable.

Après quelques centaines d'enjambées, vous découvrez, au lieu et à la place de votre ruisseau habituel, un étang ! Le responsable de l'assèchement du ruisseau n'est pas le Soleil, ni une créature assoiffée, mais un astucieux rongeur : le castor du Canada. Le barrage qu'il a construit a bloqué l'écoulement du ruisseau. En conséquence, celui-ci a débordé sur chaque rive et formé un étang.

Vous observez l'animal en train d'agrandir son barrage, fasciné par ce bâtisseur ingénieux capable de remodeler la nature et de transformer le paysage. Ce dont vous ne vous doutez pas, c'est que cette pauvre bête est sur le point de connaître un triste destin…

castor du Canada

•••

Au 16e siècle, lorsque les Européens débarquent en Amérique du Nord, ils y trouvent une richesse insoupçonnée : la douce fourrure du castor. Du 17e au 19e siècle, des centaines de milliers de castors seront abattus pour faire des manteaux et des chapeaux destinés aux riches Européens. L'animal se retrouvera même à la limite de l'extinction. Grâce aux nombreux programmes gouvernementaux établis au 20e siècle pour le protéger, la population du castor s'est lentement rétablie et des millions d'individus peuplent aujourd'hui les cours d'eau du Canada et des États-Unis.

LE CASTOR D'EURASIE

Une espèce plus rare de castor vit en Europe et en Asie. Contrairement à son cousin d'Amérique, le castor d'Eurasie creuse des terriers sur la berge.

Le castor, qui peut mesurer près de un mètre de long, est un des plus gros rongeurs du monde. Grâce à ses puissantes mâchoires et à ses quatre incisives coupantes, l'infatigable animal abat, émonde et transporte des troncs d'arbres et des branches pour construire son barrage et sa hutte. Le barrage du castor peut atteindre 4 mètres de haut et mesurer une centaine de mètres de long ! Il permet d'élever le niveau d'une rivière ou d'un étang pour maintenir les entrées de la hutte sous l'eau, à l'abri des prédateurs. En hiver, le barrage permet de conserver une bonne couche d'eau sous la glace. Le castor peut ainsi entreposer de la nourriture au fond de l'eau, devant l'entrée de la hutte. Celle-ci, faite de branchages, de pierres et de vase, possède une chambre douillette pour accueillir la petite famille.

barrage   hutte

LES RONGEURS

Les rongeurs sont des mammifères possédant deux paires d'incisives qui poussent en permanence. Celles-ci sont taillées et aiguisées à mesure que l'animal ronge la végétation. Les rongeurs se nourrissent surtout de graines, d'herbes et d'autres végétaux. Outre le castor, on compte dans ce groupe des animaux qui sont généralement de petite taille tels que la souris, le rat, le mulot, le hamster et l'écureuil. Les rongeurs représentent environ 45 % de toutes les espèces de mammifères ! On les retrouve à peu près partout dans le monde, que ce soit sous terre, sur terre, dans les arbres ou dans l'eau.

Tout comme le castor, les habitants de la province de Québec, au Canada, sont des spécialistes de la construction de barrages. Ces structures artificielles permettent d'emmagasiner l'eau qui sert à faire tourner d'énormes roues, les turbines. L'énergie créée par l'action de l'eau sur les turbines est transformée en électricité. Avec un peu de chance le courant électrique produit mettra en lumière une lettre de l'énigme : **la deuxième lettre du nom donné au groupe de mammifères dont les deux paires d'incisives poussent en permanence.**

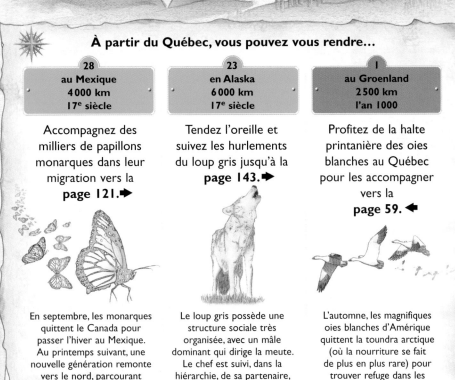

À partir du Québec, vous pouvez vous rendre...

28 au Mexique 4 000 km 17ᵉ siècle	23 en Alaska 6 000 km 17ᵉ siècle	I au Groenland 2 500 km l'an 1000
Accompagnez des milliers de papillons monarques dans leur migration vers la **page 121.➡**	Tendez l'oreille et suivez les hurlements du loup gris jusqu'à la **page 143.➡**	Profitez de la halte printanière des oies blanches au Québec pour les accompagner vers la **page 59. ⬅**

En septembre, les monarques quittent le Canada pour passer l'hiver au Mexique. Au printemps suivant, une nouvelle génération remonte vers le nord, parcourant une distance de quelque 4 000 km, un record inégalé chez les insectes !

Le loup gris possède une structure sociale très organisée, avec un mâle dominant qui dirige la meute. Le chef est suivi, dans la hiérarchie, de sa partenaire, des autres mâles, des autres femelles, puis des jeunes. Les loups hurlent pour se rassembler ou communiquer avec d'autres meutes.

L'automne, les magnifiques oies blanches d'Amérique quittent la toundra arctique (où la nourriture se fait de plus en plus rare) pour trouver refuge dans les prairies et les champs du Sud des États-Unis et du Mexique. Le mois de mars venu, elles reviennent vers les terres du Nord.

Vous observez avec inquiétude l'épaisse fumée noire qui flotte au-dessus de votre village indien. Les flammes approchent. Elles dévorent sans pitié votre mère-forêt. Vos frères les animaux sont agités : les perroquets crient, les singes hurlent, le jaguar rugit.

Ce feu n'a pas été allumé par la foudre... Vous avez découvert et épié les coupables. Ce sont eux, les colons venus de la côte, qui ont délibérément enflammé la jungle ! Ils brûlent les arbres et les remplacent par des routes, des terres agricoles et des pâturages.

Écoutez ! Les cieux grondent... Puis l'Univers tout entier se met à trembler ! Soudain, un morceau du ciel se détache... et vient s'écraser sur la Terre !

Chez les Indiens d'Amazonie, une légende raconte que la forêt tropicale soutient le ciel. Quiconque massacre les arbres provoque à coup sûr un désastre !

Amazonie

L'Amazonie est la plus grande forêt tropicale du monde. Elle couvre près du tiers de l'Amérique du Sud et s'étend sur une dizaine de pays ! En plus d'être arrosée par les crues régulières du fleuve Amazone, la forêt bénéficie de pluies abondantes et d'une chaleur constante, ce qui en fait le milieu le plus riche et le plus diversifié de la planète ! Des dizaines de milliers d'espèces de plantes s'y développent, formant un environnement de rêve pour une multitude d'animaux. Les habitants de cette forêt dense, presque impénétrable, se répartissent sur cinq ou six étages, du sol (que la lumière n'atteint pratiquement pas) jusqu'au sommet des arbres les plus hauts (près de 60 mètres) !

Malheureusement, ce formidable paradis vert est gravement menacé. Chaque année, des milliers de kilomètres carrés de forêt sont détruits par les humains pour l'exploitation du bois, l'agriculture et l'élevage. On estime que près du sixième de l'Amazonie a déjà été saccagé ! Le ciel ne nous tombera peut-être pas sur la tête, mais cet océan vert est tout de même un des plus grands fournisseurs d'oxygène de notre planète et sans contredit sa plus grande pharmacie. La majorité des substances naturelles qui composent nos médicaments provient en effet de cette vaste jungle. On estime également que la forêt amazonienne abrite des milliers d'espèces de plantes et d'animaux qui n'ont pas encore été identifiées.

QUELQUES VEDETTES AMAZONIENNES...

Anaconda ▶
L'anaconda se cache
souvent dans les eaux
calmes de la jungle, le nez
et les yeux émergeant à la
surface de l'eau. Ce serpent gigantesque, qui peut
mesurer plus de 9 mètres de long, s'enroule autour
de ses proies pour les étouffer ou les noyer.

◀ Paresseux
Les paresseux passent leur vie suspendus
aux branches les plus hautes des arbres
de la forêt tropicale. Ces curieux
mammifères dorment plus de 15 heures
par jour et ne parcourent guère plus que
un kilomètre par semaine !

Ara ▶
L'ara est un grand perroquet coloré qui habite
l'étage le plus élevé de la forêt amazonienne,
à la cime des grands arbres. Chez lui, comme
chez tous les perroquets, les couples sont unis
pour la vie. Ceux-ci partagent leur nourriture et
s'occupent ensemble des petits.

◀ Grenouille dendrobate
Les petites dendrobates sont des grenouilles
extrêmement venimeuses. Le venin fabriqué par
des glandes de leur peau est si fort qu'il peut
tuer l'humain qui la consomme ! Les Indiens
d'Amazonie en enduisaient la pointe de leurs
flèches pour chasser et se défendre.

Piranha ▶
Les cours d'eau du bassin amazonien
hébergent plus de 3 000 espèces de poissons,
dont les terrifiants piranhas. Ces poissons
carnivores possèdent des dents aiguisées et
chassent en bande de plusieurs individus. Ils
peuvent dévorer une proie (parfois un gros
mammifère) à la vitesse de l'éclair.

Avant de quitter le Brésil, dirigez-vous vers le sud-est du pays et suivez le cours de la rivière Iguaçu. Au moment où elle longe la frontière entre le Brésil et l'Argentine, celle-ci dégringole sur une hauteur de près de 80 mètres. Le cours d'eau forme alors des chutes spectaculaires : les chutes d'Iguaçu. À la saison des pluies, celles-ci peuvent s'étendre sur une largeur de 4 kilomètres ! Ce paysage féerique est sans contredit une des grandes merveilles naturelles du monde.

De la jungle amazonienne, vous pouvez vous rendre...

10 en Namibie 8 000 km l'an 2006	32 en Guyane française 1 000 km l'an 1804	34 au Pérou 2 500 km 12e siècle
Suivez le gymnote dans un voyage électrisant vers la **page 49.** ◀	Pataugez calmement dans les cours d'eau amazoniens jusqu'à la **page 11.** ◀	Laissez-vous escorter par le jaguar à travers son vaste territoire jusqu'à la **page 113.** ▶

La longue queue du gymnote électrique contient des électroplaques qui peuvent produire des impulsions électriques. Le poisson utilise celles-ci pour se défendre, immobiliser une proie ou, à faible voltage, s'orienter et communiquer avec les autres gymnotes.

Le caïman est un gros reptile apparenté à l'alligator. Ce prédateur féroce, qui vit dans les eaux calmes d'Amérique centrale et du Sud, peut rester longtemps immobile, les yeux et les narines à peine sortis de l'eau, prêt à saisir d'un coup de mâchoire une proie de passage.

Le jaguar est le plus gros félin d'Amérique. Ce chasseur solitaire traque ses proies dans les forêts et les savanes, généralement près d'une étendue d'eau. Doté d'une puissante mâchoire, il mange pratiquement de tout... même des alligators !

Pas de veine ! Nous sommes en automne et la marmotte vient d'entrer dans sa longue période d'hibernation, un profond sommeil hivernal qui dure près de 6 mois ! Son rythme cardiaque est passé de 80 à 4 ou 5 battements par minute et la température de son corps est descendue à 3 ou 4 °C, soit tout juste au-dessus du point de congélation ! Attendez son réveil, au printemps, pour vous laisser guider jusqu'à la page 77. ◀

Il sera difficile de vous rendre en Afrique sous l'aile d'un insecte... qui ne vole pas ! En effet, plusieurs espèces de phasmes n'ont tout simplement pas d'ailes et, lorsqu'ils en ont, elles sont souvent exclusives aux mâles, beaucoup plus petits que les femelles. La géante que vous avez choisie ne pourra donc pas vous mener bien loin... Choisissez un autre mode de déplacement à la page 18. ←

Vous naviguez à bord d'une pirogue double, un voilier composé de deux canoës reliés par une planche de bois. Les Polynésiens, groupe auquel vous appartenez, ont parcouru des milliers de kilomètres sur ces embarcations rudimentaires. Ils ont ainsi colonisé les îles dispersées de l'océan Pacifique, guidés par le soleil, les étoiles, les vagues et le vol des oiseaux.

Vous apercevez à l'horizon un groupe d'îles inexplorées. Sur celles-ci se dressent des volcans si hauts qu'ils transpercent les nuages ! Alors que vous mettez le cap vers cet archipel, vous entendez, à travers le claquement de vos voiles, un bruit sourd qui semble provenir du fond de l'océan. À la fois curieux et inquiet, vous collez votre oreille sur la coque de votre pirogue. Vous êtes soudainement envoûté par un chant puissant, presque féerique ! Jamais vous n'avez entendu une complainte aussi merveilleuse !

Si vous vous croyez sous le charme d'une sirène ou d'un monstre marin, détrompez-vous ! Bientôt, une énorme bête surgit des flots, s'élance dans les airs et retombe dans la mer dans un claquement assourdissant. Quelle chance ! Vous venez d'assister au spectacle de l'un des plus brillants chanteurs de notre planète : la baleine à bosse ! Applaudissez !

baleine à bosse

Chaque hiver, au large d'Hawaii, les baleines à bosse mâles compétitionnent dans le but d'attirer les femelles. Elles entonnent alors un chant d'amour qui se propage sous l'eau à des kilomètres ! La mélodie complexe de ces géants est composée de séquences de plaintes et de mugissements qui peuvent se répéter pendant plusieurs heures !

Les baleines à bosse peuvent mesurer près de 19 mètres de long et peser jusqu'à 40 tonnes. Elles peuplent tous les océans du monde. Ces grandes voyageuses parcourent chaque année des milliers de kilomètres, se déplaçant des mers froides où elles se nourrissent en été, aux mers chaudes où elles s'accouplent et mettent au monde leur petit en hiver. Les baleines à bosse sont également de grandes acrobates ! Elles effectuent des sauts spectaculaires hors de l'eau.

Plusieurs baleines ne possèdent pas de dents, mais une série de lames cornées appelées fanons. Ces structures leur permettent de filtrer l'eau pour capturer des petits poissons ou du plancton, de minuscules organismes vivant en suspension dans l'eau.

fanons

Malgré leurs puissantes nageoires et leur corps fuselé, parfaitement adapté à la vie aquatique, les baleines ne sont pas des poissons, mais des mammifères. Comme nous, elles allaitent leurs petits et possèdent des poumons. Elles doivent donc fréquemment remonter à la surface

phoque

pour respirer. Il existe trois grands groupes de mammifères marins. Les pinnipèdes, tels que les phoques et les otaries, passent leur vie dans les mers froides et ne vont sur terre que pour se reposer et se reproduire. Les siréniens, qui comptent les dugongs et les lamentins, sont des gros mammifères qui vivent dans les eaux côtières tropicales et se nourrissent d'herbes aquatiques. Enfin, les cétacés, tels que les baleines et les dauphins, sont des mammifères qui demeurent en pleine mer, même pour dormir et se reproduire. Ils sont présents dans tous les océans du globe.

dugong

dauphin

L'HISTOIRE DES CÉTACÉS

Il y a plus de 50 millions d'années, les ancêtres des cétacés possédaient quatre pattes et se déplaçaient sur la terre ferme ! Comme l'océan leur fournissait une grande partie de leur nourriture, leur queue et leurs pattes avant se sont lentement transformées en nageoires, tandis que les pattes arrière ont fini par disparaître. Plusieurs scientifiques considèrent aujourd'hui que les plus proches parents vivants des baleines sont… les hippopotames !

Les baleines ont été décimées par dizaines de milliers au début du 20e siècle, tuées pour leur chair et leur graisse. Même si la chasse est aujourd'hui interdite dans la grande majorité des pays, plusieurs espèces de baleines ont du mal à se remettre de ce récent massacre et sont encore menacées de disparition.

Les rives de l'île d'Oahu, à Hawaii, reçoivent des vagues exceptionnelles qui mesurent souvent plus de 9 mètres de haut, l'équivalent d'un immeuble de trois étages ! C'est le paradis du surf, un sport nautique d'origine polynésienne. Agrippez une planche et tentez, tant bien que mal, de maintenir votre équilibre sur une vague déferlante. Avec un peu de chance, elle ira se briser sur une lettre de l'énigme : **la troisième lettre du nom des lames cornées qui permettent à plusieurs baleines de filtrer l'eau pour capturer leur nourriture.**

De l'archipel d'Hawaii, vous pouvez vous rendre…

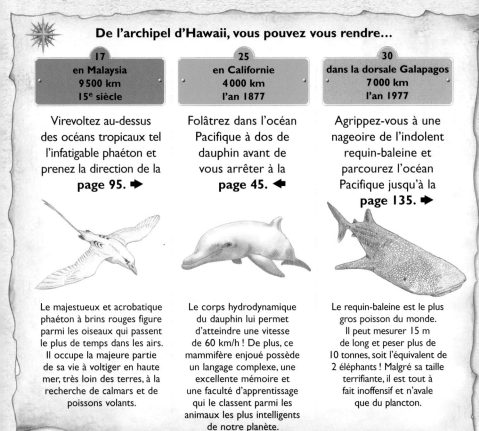

| 17 en Malaysia 9 500 km 15e siècle | 25 en Californie 4 000 km l'an 1877 | 30 dans la dorsale Galapagos 7 000 km l'an 1977 |

Virevoltez au-dessus des océans tropicaux tel l'infatigable phaéton et prenez la direction de la **page 95.** ➤

Folâtrez dans l'océan Pacifique à dos de dauphin avant de vous arrêter à la **page 45.** ◀

Agrippez-vous à une nageoire de l'indolent requin-baleine et parcourez l'océan Pacifique jusqu'à la **page 135.** ➤

Le majestueux et acrobatique phaéton à brins rouges figure parmi les oiseaux qui passent le plus de temps dans les airs. Il occupe la majeure partie de sa vie à voltiger en haute mer, très loin des terres, à la recherche de calmars et de poissons volants.

Le corps hydrodynamique du dauphin lui permet d'atteindre une vitesse de 60 km/h ! De plus, ce mammifère enjoué possède un langage complexe, une excellente mémoire et une faculté d'apprentissage qui le classent parmi les animaux les plus intelligents de notre planète.

Le requin-baleine est le plus gros poisson du monde. Il peut mesurer 15 m de long et peser plus de 10 tonnes, soit l'équivalent de 2 éléphants ! Malgré sa taille terrifiante, il est tout à fait inoffensif et n'avale que du plancton.

Vous êtes un jeune ouvrier obéissant aux ordres du roi chrétien Lalibela. Ce dernier a ordonné la construction de 11 églises.

Vous travaillez à la sueur de votre front sous un soleil brûlant. Malgré tout, vous vous réjouissez car ces bâtiments que vous construisez ont quelque chose d'extraordinaire ! En effet, vous participez à l'édification d'une cité sainte souterraine ! Les monuments religieux qui la composent sont taillés d'un seul bloc dans le roc et reliés entre eux par des tunnels.

Ce dont vous ne vous doutez pas, c'est que tout près de vous s'activent d'autres ouvriers, dans une autre cité souterraine dont le réseau s'étale sur des kilomètres ! Cette société est dirigée par une reine qui, sauf votre respect, est loin d'incarner la grâce et la beauté habituellement attribuées aux monarques...

Les ouvriers dont il est question ici ne sont pas de fervents chrétiens, mais de disgracieux petits mammifères fouisseurs mesurant à peine 8 centimètres : les rats-taupes nus des sables.

rat-taupe nu des sables

Le rat-taupe nu des sables habite la savane aride de l'Afrique de l'Est. Ce rongeur est pratiquement aveugle et possède un corps rose tout ridé. Il creuse ses longues galeries grâce à ses puissantes incisives qui demeurent à l'extérieur de sa bouche même lorsque celle-ci est fermée. Son impressionnant réseau de galeries peut avoir la superficie d'une vingtaine de terrains de football ! Ce rongeur vit en colonies de 20 à 300 individus, à l'intérieur desquelles les membres se voient attribuer des tâches précises, comme chez les fourmis. La reine est la seule à mettre au monde des petits (jusqu'à 28 dans une même portée !). Elle s'accouple avec un, deux ou trois mâles reproducteurs. Autour de ces rats-taupes voués à la reproduction s'activent de plus petits individus mâles et femelles : ce sont les ouvriers et les soldats, chargés de construire le réseau de galeries, de chercher la nourriture et de défendre la colonie.

Les animaux fouisseurs tels que les taupes et les rats-taupes sont parfaitement adaptés à leur mode de vie souterrain. Comme ils vivent dans la plus profonde obscurité, leurs yeux leur sont peu utiles ; c'est pourquoi ils sont minus-cules. Pour trouver leur chemin, les fouisseurs ont recours à l'odorat, à l'ouïe et au toucher. Chez eux, ces sens sont particulièrement bien développés. Certains ne sortent pra-tiquement jamais de leur demeure souterraine. Ils dorment, se reproduisent et se nourrissent dans la terre, qui leur offre toute l'année la fraîcheur et l'humidité dont ils ont besoin.

Taupe commune ▶

La taupe commune creuse des galeries à l'aide de ses griffes et de ses pattes de devant en forme de pelles. Cet insectivore solitaire peut rejeter 6 kilogrammes de déblais de terre en 20 minutes ! Les taupinières sont les petits monticules formés par ces déblais. Sous la plus grande taupinière se trouve l'habitation principale.

◀ Chien de prairie

Les plus grandes villes souterraines appartiennent aux chiens de prairie. Ces rongeurs de la taille d'un lièvre habitent les prairies d'Amérique du Nord. Divisée en plusieurs quartiers, la ville peut compter des centaines de terriers et des milliers d'individus !

Lombric ▶

Le ver de terre, ou lombric, est indispensable à la bonne santé de nos sols. En avalant la terre à la vitesse de 30 centimètres à la minute, ce petit laboureur creuse d'innombrables galeries qui aèrent le sol et permettent une meilleure répartition de l'eau et des substances nutritives. De plus, le lombric avale chaque jour trois fois son poids en terre. Il la digère, la transforme et la rejette ensuite sous forme d'excréments nourrissants pour les plantes.

Ne quittez pas l'Éthiopie sans aller faire une randonnée dans la vallée du Rift. Ce long et gigantesque fossé qui traverse l'Afrique de l'Est est considéré par plusieurs anthropologues comme le berceau de l'humanité. En effet, les plus anciens ossements d'hominidés y ont été déterrés, dont ceux de Lucy, une jeune femme âgée de 20 ans, ou plutôt, de plus de 3 millions d'années ! Prêtez l'oreille, ces vieux os vous révéleront, entre deux craquements, une lettre de l'énigme : **la première lettre du nom donné aux petits monticules formés par les déblais de la taupe commune.**

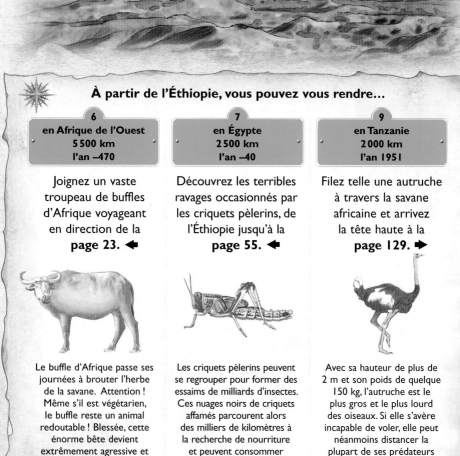

À partir de l'Éthiopie, vous pouvez vous rendre...

6	7	9
en Afrique de l'Ouest 5 500 km l'an −470	**en Égypte** 2 500 km l'an −40	**en Tanzanie** 2 000 km l'an 1951

Joignez un vaste troupeau de buffles d'Afrique voyageant en direction de la **page 23.** ◄

Découvrez les terribles ravages occasionnés par les criquets pèlerins, de l'Éthiopie jusqu'à la **page 55.** ◄

Filez telle une autruche à travers la savane africaine et arrivez la tête haute à la **page 129.** ►

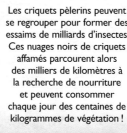

Le buffle d'Afrique passe ses journées à brouter l'herbe de la savane. Attention ! Même s'il est végétarien, le buffle reste un animal redoutable ! Blessée, cette énorme bête devient extrêmement agressive et peut charger à une vitesse de plus de 50 km/h !

Les criquets pèlerins peuvent se regrouper pour former des essaims de milliards d'insectes. Ces nuages noirs de criquets affamés parcourent alors des milliers de kilomètres à la recherche de nourriture et peuvent consommer chaque jour des centaines de kilogrammes de végétation !

Avec sa hauteur de plus de 2 m et son poids de quelque 150 kg, l'autruche est le plus gros et le plus lourd des oiseaux. Si elle s'avère incapable de voler, elle peut néanmoins distancer la plupart de ses prédateurs en courant à une vitesse de près de 70 km/h !

L e soleil brûlant a aspiré les flaques d'eau laissées par les dernières pluies sur les pentes du mont Kinabalu. Assoiffé, vous errez dans la jungle à la recherche d'un étang ou d'un ruisseau. La chaleur tropicale est insoutenable.

Une odeur de fruit juteux vous attire vers une étrange plante géante. Regardez ses feuilles ! Elles ont la forme de grosses cruches… et elles sont remplies d'eau ! Quel cadeau inespéré ! Vous vous empressez de grimper sur l'une de ces urnes immenses. Mais le col du récipient est si glissant que vous perdez l'équilibre et tombez à l'intérieur. Chaque fois que vous tentez de remonter, les parois cirées de l'intérieur de la cruche vous font glisser et retomber dans l'eau.

Vous réalisez soudainement que cette urne est en fait le piège d'une énorme plante carnivore ! Elle est en train de vous dévorer tout rond… Au secours !

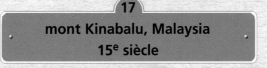

C'est alors que vous vous réveillez en sursaut. Quel mauvais rêve ! Vous courez aussitôt vers la demeure de la *bobohizan*, la grande prêtresse du peuple Dusun. Celle-ci vous explique que la plante de votre cauchemar existe bel et bien et pousse tout près, sur le mont Kinabalu, le lieu sacré des morts. Rassurez-vous, bien qu'elle soit la plus grosse plante carnivore du monde, elle ne dévore pas les humains. Votre esprit a simplement voyagé dans la nature sous la forme d'un insecte, d'un lézard ou d'une grenouille, ses proies potentielles.

●●●

La plus grosse plante carnivore, appelée *Nepenthes rajah*, pousse uniquement dans les régions montagneuses du Nord-Est de l'île de Bornéo, en Malaysia. Sa tige rampante est garnie de feuilles qui possèdent un prolongement en forme de vase. Ces gros pièges, qui reposent couramment au sol, mesurent jusqu'à 40 cm de haut et capturent des insectes, des petits reptiles, des grenouilles, des oiseaux et même parfois des rats ! Les victimes sont souvent attirées par les couleurs vives et l'odeur sucrée du col de la feuille. Elles finissent par déraper sur sa surface glissante et se noient dans le récipient, rempli d'un liquide acide qui permet à la plante de digérer ses proies.

Nepenthes rajah

Les Nepenthes sont des plantes carnivores passives, c'est-à-dire qu'elles n'effectuent aucun mouvement et attendent simplement qu'une victime tombe dans leur piège. D'autres plantes carnivores, au contraire, sont actives ! Elles possèdent des parties mobiles qui servent à capturer leurs proies. Si le type de piège varie d'une plante carnivore à l'autre, toutes ont une chose en commun : elles poussent sur des sols pauvres en minéraux (des éléments essentiels à leur croissance), tels que les tourbières et les marécages. Ainsi, les proies qu'elles capturent, en grande majorité des insectes, constituent une nourriture complémentaire.

Piège à mâchoires

Les feuilles de la dionée sont formées de deux lobes en forme de mâchoires. L'intérieur des lobes est tapissé de poils sensibles qui réagissent au toucher. Lorsqu'un insecte entre en contact avec ceux-ci, il déclenche la fermeture rapide du piège. Les dents qui entourent les lobes s'imbriquent et empêchent la proie capturée de s'enfuir. Cette plante à l'allure terrifiante vit presque exclusivement en Caroline du Nord, aux États-Unis.

Piège sous-marin ▶

Les feuilles des plantes aquatiques du genre *Utricularia* comportent de minuscules poches digestives dont l'orifice est entouré de poils sensibles au contact. Lorsqu'une petite proie frôle ses poils, la poche s'ouvre et l'aspire en une fraction de seconde.

poche digestive

proie

Piège collant

Les feuilles des plantes du genre *Drosera* sont couvertes de poils gluants. Lorsqu'un insecte se pose sur une feuille, il reste collé à ses poils. La plante replie alors lentement sa feuille et enveloppe l'insecte pour le digérer.

97

Avant de quitter l'île de Bornéo, pénétrez dans la jungle malaysienne en direction des grottes géantes de Niah, l'un des plus importants sites archéologiques de l'Asie. Des ossements humains vieux de 40 000 ans y ont été retrouvés. Si vous voyagez de nuit, vous verrez briller dans la forêt environnante des champignons lumineux… et peut-être aussi une lettre de l'énigme : **la première lettre du nom de la plus grosse plante carnivore.**

De l'île de Bornéo, vous pouvez vous rendre…

27	15	18
aux îles Hawaii	**en Chine**	**dans le Nord de l'Australie**
9 500 km	**2 800 km**	**3 500 km**
5e siècle	**l'an 1200**	**l'an 1950**

Comme la noix du cocotier, laissez-vous porter par les courants marins jusqu'à la **page 87.** ◀

Utilisez la technique ingénieuse du nautile pour vous propulser à la **page 139.** ▶

Suivez (à vos risques et périls !) la cuboméduse jusqu'à la **page 50.** ◀

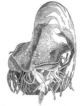

Le cocotier a réussi à coloniser les îles les plus isolées des mers tropicales grâce à son fruit, la noix de coco. Celle-ci peut flotter sur l'océan, portée par les courants sur des milliers de kilomètres, et germer sur la plage d'une île lointaine.

Le nautile possède une coquille séparée en plusieurs loges remplies d'air et de liquide. Un siphon pompe l'eau et modifie l'équilibre de l'air et des liquides, ce qui permet à l'animal de monter et descendre. Le nautile peut aussi avancer en rejetant brusquement l'eau aspirée par son siphon.

La cuboméduse, aussi appelée guêpe de mer, vit dans les eaux du Nord de l'Australie et du Sud-Est de l'Asie. Cette méduse possède un corps transparent en forme de cube et une soixantaine de tentacules venimeux de plus de 3 m de long.

marais de Vendée, France
16ᵉ siècle

Vous voici maintenant dans une région marécageuse de France, prêt à assister à la naissance d'une bien drôle de pêche. Par une nuit sans lune, vous suivez les hommes du marais qui viennent de quitter leur cabane. Éclairés par la faible lueur de leur lanterne, ils se dirigent vers l'étang et sautent dans de vieilles barques. Accompagnez-les ! Au bout de leur canne à pêche se trouve, non pas un hameçon, mais un pétale de coquelicot. Quel genre de poisson pourrait bien vouloir de ce type d'appât ?

Ça y est ! Une créature effectue un bond spectaculaire hors de l'eau, attirée par la couleur rouge du leurre, et gobe celui-ci ! Le pêcheur tire alors sa ligne d'un coup sec pour expédier la bête dans son sac.

Si vous croyez que la victime est un poisson, détrompez-vous, car depuis le 16e siècle, les Français se font un délice… des cuisses de grenouilles !

grenouille agile

•••

Les longues pattes arrière des grenouilles permettent à celles-ci de battre des records de saut en longueur. La grenouille agile européenne effectue des sauts de près de 2 mètres de long, soit l'équivalent d'environ 20 fois sa propre taille !

Les grenouilles sont des amphibiens et, comme tous les amphibiens, elles doivent vivre près de l'eau. En effet, leur peau fine et nue doit être maintenue souple et humide. De plus, leurs œufs doivent être pondus dans l'eau car les bébés de ces amphibiens, les têtards, sont de petites créatures aquatiques.

LA MÉTAMORPHOSE D'UN TÊTARD EN GRENOUILLE

I. La larve de la grenouille se développe en eau douce, dans un œuf dépourvu de coquille.

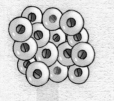

2. À la sortie de l'œuf, le petit est appelé têtard. Il nage dans l'eau, se nourrit de plantes aquatiques et respire par des branchies, un peu comme les poissons.

3. À mesure que le têtard grandit, ses membres et ses poumons se forment tandis que sa queue et ses branchies disparaissent progressivement.

4. La grenouille devenue adulte respire hors de l'eau grâce à ses poumons et à sa fine peau humide qui laisse passer l'oxygène. Désormais carnivore, la grenouille se nourrit essentiellement d'insectes qu'elle attrape grâce à sa longue langue gluante.

D'AUTRES AMPHIBIENS

◄ Crapaud
Les pattes du crapaud sont moins longues que celles de la grenouille. Sa peau plus sèche et plus rugueuse nécessite moins d'humidité. Elle est donc mieux adaptée à la vie terrestre.

Rainette ►
La rainette est plus petite que la grenouille. Elle possède, aux extrémités des doigts, des disques adhésifs qui lui permettent de grimper aux arbres.

▲
Salamandre
La salamandre possède un corps allongé, des pattes courtes et une longue queue. Elle passe sa vie adulte sur la terre ferme.

▲
Triton
Le triton ressemble à la salamandre, mais contrairement à elle, il passe sa vie adulte dans l'eau.

L'HISTOIRE DES AMPHIBIENS

Il y a plus de 350 millions d'années, certains poissons développèrent des pattes et des poumons. Ces adaptations leur permirent de se déplacer hors de l'eau et de respirer l'oxygène de l'air. Ils devinrent les premiers amphibiens et furent également les premiers vertébrés (animaux possédant une colonne vertébrale) à coloniser la terre ferme.

Aujourd'hui, les populations d'amphibiens diminuent partout dans le monde à un rythme effarant. La pollution, la déforestation et l'essor des villes ont détruit un nombre incalculable de leurs habitats. Les amphibiens jouent pourtant un rôle écologique crucial. Ils gobent chaque jour une multitude d'insectes et servent eux-mêmes de nourriture à plusieurs animaux. Leur disparition pourrait bouleverser profondément l'équilibre de la chaîne alimentaire et celui de la nature dans son ensemble.

Avant de quitter la France, ne manquez pas de vous balader dans la vallée de la Loire, ce long et majestueux fleuve français. Vous croiserez sur votre chemin plusieurs châteaux somptueux édifiés à partir du 15ᵉ siècle par les rois et les nobles fortunés du pays. Faites-vous plaisir et revêtez des habits cousus d'or pour vivre une vie de prince… jusqu'à la prochaine destination.

À partir de la France, vous pouvez vous rendre…

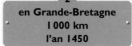

26	2	4
aux îles Bermudes	**en Grande-Bretagne**	**en Grèce**
6 000 km	**1 000 km**	**2 000 km**
l'an 1934	**l'an 1450**	**l'an −450**

Suivez (si vous en êtes capable !) le champion des nageurs jusqu'à la **page 19.** ◀

Utilisez vos pattes de sauterelle pour vous catapulter à la **page 29.** ◀

Avancez à la vitesse d'un escargot et prenez l'éternité pour vous rendre à la **page 151.** ▶

L'espadon possède un corps parfaitement hydrodynamique qui lui permet de nager à la vitesse incroyable de 110 km/h ! En plus d'être le nageur le plus rapide des océans, ce poisson de 4 m de long peut effetuer des sauts spectaculaires hors de l'eau.

La grande sauterelle verte est une championne du saut en longueur. Grâce à sa troisième paire de pattes longues et musclées, elle peut accomplir des sauts prodigieux qui équivalent à 75 fois la longueur de son corps !

L'escargot avance grâce à une vague de petites contractions musculaires qui parcourt son corps. Ses déplacements sont facilités par le tapis de mucus qu'il sécrète. L'escargot arrive ainsi à « glisser » très lentement, à une vitesse de 40 m à l'heure…

Votre famille a récemment quitté l'Angleterre pour s'établir en Australie. Elle y a fait l'acquisition d'un lopin de terre pour élever des moutons. Avide de découvrir votre pays d'accueil, vous décidez d'aller explorer la forêt qui borde le champ où paissent vos bêtes.

Le soir venu, vous vous apprêtez à faire demi-tour lorsqu'un bruissement de feuilles attire votre attention. Regardez là-haut ! Un étrange animal est solidement accroché à une branche et semble occupé à mâcher tranquillement de jeunes pousses. Comme il est mignon, on jurerait un petit ourson de peluche !

Vous restez là à observer cette adorable bête quand… Pow ! Un coup de feu siffle au-dessus de votre tête. À peine remis de vos émotions, vous réalisez avec consternation que l'animal perché au-dessus de vous est mortellement atteint.

La pauvre bête, victime de sa beauté, est nul autre que l'animal emblématique de l'Australie : le koala.

•••

À la fin du 19ᵉ siècle et au début du 20ᵉ siècle, des millions de koalas furent massacrés pour leur fourrure douce et épaisse, utilisée dans la confection de manteaux et de jouets.

koala

La popularité de cette chasse était telle que l'espèce disparut complètement de certaines régions de l'Australie et frôla l'extinction. Heureusement, la chasse au koala est interdite depuis 1927, mais l'animal reste malgré tout menacé par la destruction de son habitat. Environ 80 % des forêts dans lesquelles il vit ont été rasées pour faire place à des fermes et des maisons.

Le koala est un animal australien mesurant entre 70 et 80 cm de long. Ce grimpeur solitaire vit presque exclusivement dans les eucalyptus. Et parmi les 600 espèces d'eucalyptus peuplant la forêt australienne, 120 seulement sont retenues par le koala. Le menu quotidien de ce petit difficile est composé de un demi à un kilogramme de jeunes pousses d'eucalyptus choisies une à une, avec le plus grand soin.

Le terme aborigène « koala » signifie « ne boit pas ». L'animal boit effectivement très peu, trouvant généralement tout le liquide dont il a besoin dans les feuilles d'eucalyptus.

Le koala est un marsupial, c'est-à-dire un mammifère dont la femelle possède une poche sur le ventre. Contrairement à la plupart des mammifères qui mettent au monde des petits complètement formés, la femelle marsupiale donne naissance à un embryon de la taille d'un haricot, aveugle et dépourvu de poils. Son petit doit alors ramper dans sa fourrure pour trouver refuge dans la poche ventrale. Là, il tète une mamelle pour poursuivre son développement.

Au bout de quelques mois, le petit est assez gros et développé pour sortir de la poche maternelle, mais il y revient au moindre danger… jusqu'à ce qu'il soit devenu trop grand pour s'y loger.

koala et son petit

◄ Kangourou

Le kangourou est le plus grand et le plus connu des marsupiaux. Il peut mesurer près de 2 mètres de haut et ainsi dépasser en hauteur un être humain. Les puissantes pattes arrière de cet animal australien lui permettent de se déplacer en bondissant.

Diable de Tasmanie ►

Le diable de Tasmanie vit uniquement en Tasmanie, une île située au sud-est de l'Australie. Avec sa puissante mâchoire, ce marsupial carnivore peut broyer les os des proies qu'il chasse ou des carcasses qu'il trouve.

◄ Opossum

La plupart des espèces de marsupiaux vivent en Australie et en Nouvelle-Guinée. Les opossums, qui vivent en Amérique, font figure d'exception. Avec leur longue queue et leur nez pointu, ils ressemblent à de gros rats.

Les pionniers européens importèrent des moutons en Australie. Ces derniers s'adaptèrent si bien aux vastes étendues arides du pays qu'aujourd'hui, avec un cheptel de près de 100 millions de bêtes, l'Australie est devenue le premier producteur de laine au monde. Le pays compte presque cinq fois plus de moutons que d'habitants ! Ne manquez pas de visiter une ferme d'élevage et de participer à la tonte du printemps.
Vous y gagnerez un chaud tricot… et peut-être aussi deux lettres de l'énigme : **la première et la septième lettre du nom du pays où vit le koala.**

Du Sud de l'Australie, vous pouvez vous rendre…

19	12	20
dans l'Est de l'Australie **2000 km** **l'an 1770**	**à Madagascar** **9000 km** **18ᵉ siècle**	**dans le Sud-Est de l'Australie** **1400 km** **l'an 1798**

Suivez le kangourou gris dans un voyage plein de rebondissements jusqu'à la **page 37.** ◀

Partez à la dérive, telle une physalie, et flottez jusqu'à la **page 147.** ➡

Planez d'arbre en arbre tel un phalanger volant et arrêtez-vous à la **page 7.** ◀

Le kangourou gris se déplace tel un ressort grâce à ses pattes postérieures musclées et à sa lourde queue qui lui sert de balancier. Ce grand marsupial australien peut réaliser des bonds prodigieux de plus de 9 m de long et atteindre une vitesse de 50 km/h !

La physalie possède un pneumatophore, un organe semblable à un gros flotteur qui lui permet de dériver à la surface de l'océan, au fil des courants. Les longs tentacules venimeux de la physalie, qui peuvent mesurer plus de 20 cm, capturent et paralysent les proies au passage.

Le phalanger volant est un petit marsupial qui vit en Australie et en Nouvelle-Guinée. Cet animal nocturne plane de branche en branche grâce à une membrane de peau qui relie ses pattes antérieures et postérieures. Son vol plané peut atteindre une longueur de 45 m !

Désolé ! La moufette n'est pas prête à se geler les pattes pour vous ! L'Alaska ne fait pas partie de son aire de distribution, qui s'étend du Nord du Mexique jusqu'au Sud du Canada. Ne vous obstinez pas car, irritée, elle pourrait décider de vous « arroser »… Le mieux que la moufette puisse faire pour vous, c'est de trottiner à vos côtés jusqu'au Canada, à la page 77. ◄

Malheureusement, l'écureuil roux se fait de plus en plus rare en Grande-Bretagne. Le petit rongeur ne supporte pas la concurrence que lui livre un adversaire nord-américain introduit dans l'île il y a plus d'un siècle : l'écureuil gris. Ce dernier accapare la nourriture et le territoire de l'écureuil roux, qui disparaît progressivement. Et puis, aucun écureuil, qu'il soit gris ou roux, ne plongerait dans la mer du Nord pour nager avec vous vers l'Asie ! Retournez à la page 32. ◀

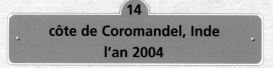

14

côte de Coromandel, Inde
l'an 2004

Vous habitez un petit village de pêcheurs situé sur les rives de la baie de Bengale, dans le Sud-Est de l'Inde. La saison des pluies tire à sa fin. En cette matinée du 26 décembre, vous préparez tranquillement votre barque en vue d'une journée de pêche qui, vous l'espérez, sera fructueuse.

Au même moment, à des centaines de kilomètres de vous, un tremblement de terre secoue le fond marin. Il engendre une vague destructrice qui devient aussi haute qu'un édifice de trois étages ! Et cette vague gigantesque, appelée tsunami, fonce dans votre direction.

Lorsque la terrible vague frappe la côte indienne, plusieurs villages avoisinants sont engloutis. Étrangement, votre hameau n'est pas touché par le désastre… Vous êtes sauf ! Mais par quel miracle avez-vous donc été épargné ?

Ce n'est pas un miracle qui vous a sauvé, mais une vaste barrière naturelle : les mangroves de Pichavaram. Cette forêt marine a littéralement freiné la vague destructrice du tsunami et protégé six hameaux abritant des centaines de personnes, dont vous !

VAGUE MEURTRIÈRE

Le tsunami qui a ravagé les côtes de l'Indonésie, du Sri Lanka, de l'Inde et de la Thaïlande, en 2004, fut le plus meurtrier de l'histoire. Il tua près de 200 000 personnes et fit des millions de sans-abri.

On appelle mangrove les grandes forêts de palétuviers qui poussent dans les eaux salées et peu profondes, le long des côtes et à l'embouchure des fleuves tropicaux. Les mangroves sont parmi les milieux les plus riches de la planète. Elles sont le refuge d'une faune variée comprenant entre autres des singes, des reptiles, des poissons, des crustacés et une multitude d'insectes. Ces jungles marines jouent un rôle écologique crucial. En plus de fournir nourriture et abri à plusieurs animaux, les mangroves protègent le littoral contre l'érosion, les vagues, les courants, les tempêtes tropicales et, bien sûr, les tsunamis.

mangrove

Malheureusement, les humains ont détruit un grand nombre de mangroves pour installer des enclos d'élevage de crevettes ou pour construire de vastes complexes touristiques et industriels. On estime que ces forêts, qui couvraient jadis les trois quarts des côtes tropicales, ont aujourd'hui perdu la moitié de leur superficie. Devant les terribles conséquences du tsunami de 2004, les dirigeants de pays comme l'Indonésie et le Sri Lanka songent maintenant à reboiser leurs côtes.

Palétuvier ▶

Les palétuviers sont les seuls arbres à pouvoir croître dans l'eau salée. Leurs racines, qui s'élèvent hors de l'eau, sont couvertes de milliers de petits trous. Ceux-ci permettent à l'arbre de respirer tout en étant ancré dans la vase sous l'eau.

Périophtalme

À l'aide de ses nageoires qu'il utilise comme des pattes, le périophtalme (aussi appelé poisson promeneur) peut sortir de l'eau et grimper sur les palétuviers pour gober des insectes. Il se déplace plus rapidement sur terre que dans l'eau ! Le périophtalme transporte une provision d'eau dans sa bouche pour l'aider à respirer lors de ses sorties, qui peuvent durer des heures ! ▶

Poisson-archer

Le poisson-archer habite les mangroves où il se nourrit d'insectes. Ce poisson d'une quinzaine de centimètres peut cracher avec puissance et précision un petit jet d'eau sur un insecte posé sur un palétuvier. Déséquilibré, celui-ci tombe à l'eau où il est aussitôt gobé par le poisson.

Avant de quitter l'Inde, ne manquez pas d'aller vous divertir dans une des nombreuses salles de cinéma du pays. Avec près de 1 000 films produits par année, l'industrie cinématographique indienne est la plus prolifique du monde ! Un film typiquement indien est d'ailleurs à l'affiche aujourd'hui : un mélodrame musical d'une durée de trois heures. Soyez attentif car la scène finale vous dévoilera deux lettres de l'énigme : **la troisième et la quatrième lettre du nom des victimes du poisson-archer.**

À partir de l'Inde, vous pouvez vous rendre...

5 en Ukraine 6 000 km l'an −4500	15 en Chine 2 500 km l'an 1200	7 en Égypte 5 500 km l'an −40
Imitez les exploits de la minuscule puce et faites un grand bond jusqu'à la **page 69.** ◄	Rasez les murs, tel un gecko, pour vous rendre discrètement à la **page 139.** ►	Suivez le poisson-lune à travers les eaux chaudes de l'océan Indien jusqu'à la **page 55.** ◄

La puce est un petit insecte qui mesure à peine 3 mm de long. Elle n'a pas d'ailes, mais ses puissantes pattes arrière lui permettent d'effectuer des sauts d'une longueur de 30 cm, soit environ 100 fois la longueur de son propre corps !	Le gecko tokay est un lézard de 35 cm de long qui peut marcher sur les murs et le plafond des résidences asiatiques où il élit domicile. Sous chacun de ses doigts, une série de lamelles agissent comme des ventouses qui lui permettent d'adhérer aux surfaces lisses.	Le poisson-lune, qui peut mesurer jusqu'à 3 m de long et peser près de 2 tonnes, ressemble à une grosse tête sans corps ! Ce drôle de géant est l'animal le plus prolifique de notre planète. Il pond quelque 300 millions d'œufs à la fois !

Votre tribu vient de quitter la région du grand lac Titicaca pour aller s'établir plus au nord, au cœur des montagnes sacrées. Votre chef Manco Cápac, fils du dieu Soleil, a l'intention d'y fonder un vaste empire. Vous le suivez plein d'espoir, tenant fermement la laisse du lama qui transporte tous vos biens.

Après avoir traversé une série de crêtes escarpées, vous atteignez une belle vallée verdoyante. C'est alors qu'une ombre apparaît dans le halo éblouissant du soleil. L'imposante silhouette se met à planer au-dessus des cimes enneigées. C'est l'Apu Kuntur, l'esprit sacré des grandes montagnes !

Manco Cápac choisit ce moment béni des dieux pour planter sa baguette d'or. C'est ici que sera érigée la ville de Cuzco, berceau de l'empire inca, qui deviendra l'un des plus puissants d'Amérique !

condor en vol

L'ombre majestueuse que vous avez vue planer dans le ciel est non seulement une importante divinité inca, mais aussi l'un des plus grands oiseaux du monde : le condor !

•••

Le condor possède une envergure d'ailes qui peut dépasser 3 mètres, ce qui en fait le plus grand oiseau capable de voler ! Ce grand vautour niche dans la cordillère des Andes, en Amérique du Sud. Les puissants courants d'air présents dans ces hautes montagnes lui permettent de planer sans effort pendant des heures, parfois à plus de 6 000 mètres d'altitude ! En dépit de sa taille imposante et de son allure effroyable, le condor n'est pas un prédateur, mais un charognard. Il se nourrit de carcasses qu'il repère du haut du ciel grâce à son excellente vision.

condor perché

Les oiseaux sont des animaux à sang chaud. Ils sont ovipares (ils pondent des œufs), possèdent un bec dépourvu de dents et ont un corps recouvert de plumes. Celles-ci gardent l'oiseau au chaud et au sec en plus de l'aider à se propulser dans les airs et à se diriger en vol. Les oiseaux peuvent voler grâce à leurs deux membres antérieurs transformés en ailes et à leur squelette léger, qui comprend certains os creux. Cette capacité de voler leur a permis de se répandre dans les montagnes, les forêts, les plaines, les déserts et même en haute mer et sur la banquise de l'Antarctique ! Le corps, le bec et les pattes des quelque 9 000 espèces d'oiseaux ont une forme qui varie selon l'environnement dans lequel ils évoluent.

◄ Échassiers

Les échassiers, tels que les hérons, les cigognes et les grues, vivent dans des eaux peu profondes et marécageuses. Avec leur long cou, leur bec pointu et leurs grandes pattes, ils peuvent embrocher de petites proies aquatiques tout en gardant la majeure partie de leur corps hors de l'eau.

Palmipèdes ►

Les palmipèdes, tels que les canards, les oies et les manchots, sont dotés de pattes palmées. Celles-ci leur permettent de nager avec facilité pour trouver les végétaux ou les animaux aquatiques dont ils se nourrissent.

héron

canard

Rapaces

Les rapaces, tels que les aigles, les faucons et les hiboux, sont des oiseaux carnivores. Ils possèdent des griffes puissantes qu'ils emploient pour saisir leurs proies et ◄ un bec crochu qui leur permet de déchirer la viande.

Passereaux ►

Les passereaux, comme les moineaux, les alouettes et les merles, représentent plus de la moitié des espèces d'oiseaux. Ces petits percheurs possèdent de longs orteils qui leur permettent de s'agripper aisément aux branches des arbres.

faucon

moineau

DES DINOSAURES À PLUMES !

Les premiers oiseaux seraient apparus il y a environ 150 millions d'années. Certains paléontologues croient qu'*Archaeopteryx* (qui signifie « vieille plume ») est au nombre de ces premiers oiseaux. Comme les dinosaures de son époque, *Archaeopteryx* avait une longue queue osseuse, des griffes et des dents. Ce carnivore de la taille d'un pigeon possédait également des ailes de 60 centimètres d'envergure, recouvertes de plumes. *Archaeopteryx* était donc un savant mélange entre les reptiles de la préhistoire et les oiseaux modernes. Ainsi, les charmantes petites bêtes qui voltigent et gazouillent dans nos jardins seraient les descendants directs des terrifiants dinosaures !

Avant de quitter le Pérou, dirigez-vous vers le désert côtier pour y résoudre un grand mystère. Il y a plus de 1 000 ans, les Indiens de Nazca ont tracé dans le sable d'immenses dessins d'animaux mesurant des centaines de mètres carrés chacun. Comment ce peuple a-t-il pu dessiner ces figures symétriques gigantesques ? Il ne disposait ni d'instruments de géométrie ni même d'une vue d'ensemble pour contempler ses œuvres, qui ne sont visibles que du haut des airs... Si vous n'arrivez pas à élucider ce mystère, consolez-vous en recevant deux lettres d'une toute autre énigme : **la première et la deuxième lettre du nom donné à l'un des premiers oiseaux préhistoriques.**

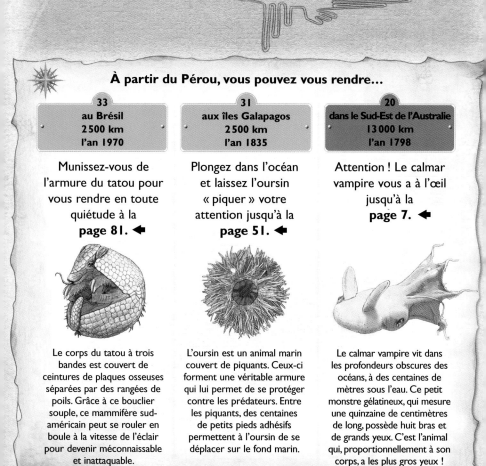

À partir du Pérou, vous pouvez vous rendre...

33	**31**	**20**
au Brésil	aux îles Galapagos	dans le Sud-Est de l'Australie
2 500 km	2 500 km	13 000 km
l'an 1970	l'an 1835	l'an 1798

Munissez-vous de l'armure du tatou pour vous rendre en toute quiétude à la **page 81.** ◄

Plongez dans l'océan et laissez l'oursin « piquer » votre attention jusqu'à la **page 51.** ◄

Attention ! Le calmar vampire vous a à l'œil jusqu'à la **page 7.** ◄

Le corps du tatou à trois bandes est couvert de ceintures de plaques osseuses séparées par des rangées de poils. Grâce à ce bouclier souple, ce mammifère sud-américain peut se rouler en boule à la vitesse de l'éclair pour devenir méconnaissable et inattaquable.

L'oursin est un animal marin couvert de piquants. Ceux-ci forment une véritable armure qui lui permet de se protéger contre les prédateurs. Entre les piquants, des centaines de petits pieds adhésifs permettent à l'oursin de se déplacer sur le fond marin.

Le calmar vampire vit dans les profondeurs obscures des océans, à des centaines de mètres sous l'eau. Ce petit monstre gélatineux, qui mesure une quinzaine de centimètres de long, possède huit bras et de grands yeux. C'est l'animal qui, proportionnellement à son corps, a les plus gros yeux !

Bienvenue en Namibie, un pays africain désertique où un soleil cuisant brille près de 300 jours par année ! Ne vous laissez surtout pas rebuter par le climat aride de cette contrée puisque vous serez accueilli comme un roi (ou une reine) dans le monumental hôtel Macrotermes.

Ce chic établissement aux dimensions démesurées compte plusieurs centaines d'étages ! Vous logerez bien sûr dans la grande suite royale où les multiples employés de l'hôtel seront aux petits soins avec vous. Vous bénéficierez d'un service à la chambre jour et nuit, de plusieurs gardiens de sécurité et d'une grande pouponnière où l'on s'occupera avec dévouement de vos bambins.

Enfin, sachez que l'immeuble dispose de jardins intérieurs, de plusieurs aires de restauration, d'un excellent système d'alimentation en eau potable et surtout, de l'air climatisé !

Vous vous croyez dans un hôtel imaginaire ou futuriste ? Pas du tout. Car bien que cette construction aux dimensions colossales n'existe pas encore chez les humains, elle existe à l'échelle… des termites Macrotermes ! Ces petits insectes sont sans contredit les plus grands architectes de la Terre et leur société est parmi les plus complexes du règne animal.

termitière

•••

Dans certains pays tropicaux, les termitières peuvent atteindre 30 mètres de diamètre à la base et 5 à 6 mètres de haut, soit l'équivalent, à l'échelle humaine, d'un gratte-ciel de près de 400 étages ! Les forteresses des termites sont faites d'un mélange de terre (ou de bois), d'excréments et de salive qui, cuit au soleil, devient aussi dur que du ciment. Chaque termitière se compose d'un labyrinthe de tunnels menant aux différents garde-manger, à la chambre royale et aux loges abritant les œufs pondus par la reine. Des puits profonds fournissent l'eau fraîche et un réseau de cheminées de ventilation permet de contrôler la température à l'intérieur de la termitière. Il existe même des jardins souterrains où les termites cultivent des champignons !

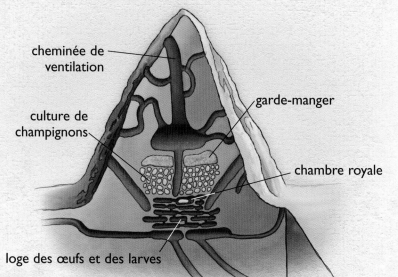

cheminée de ventilation

culture de champignons

garde-manger

chambre royale

loge des œufs et des larves

Plus de 2 000 espèces de termites peuplent la terre et forment des colonies très organisées pouvant atteindre des millions d'individus ! La colonie gravite autour d'un seul couple : le roi et la reine, les seuls à

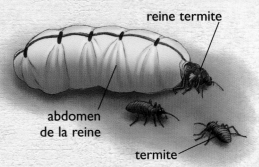

reine termite

abdomen de la reine

termite

pouvoir se reproduire. Les soldats, qui possèdent une grosse tête et de grandes mandibules, assurent la défense de la colonie contre les intrus. De leur côté, les ouvrières prennent soin des œufs, se chargent de nourrir tous les habitants et de construire et entretenir la termitière. Une fois fécondée, la reine devient énorme et incapable de bouger. Elle se transforme en véritable usine de production de bébés et peut pondre 1 œuf toutes les 2 ou 3 secondes pendant près de 10 ans. Cela équivaut à environ 30 000 œufs par jour et plus d'une centaine de millions d'œufs durant sa vie !

fourmi

Au nombre des insectes sociaux figurent non seulement les termites, mais aussi les abeilles, les guêpes et les fourmis. Ils forment de gigantesques colonies dans lesquelles le travail de tous et de chacun est réglé et structuré à un point tel qu'aucun individu ne pourrait survivre seul ! Chacun a un rôle précis à jouer dans la société : reproducteur, soldat ou ouvrier.

abeille

DES INSECTES PAR MILLIARDS

Les insectes dominent le monde en nombre et en diversité avec près d'un million d'espèces répertoriées. Et ce n'est pas tout, car des milliers d'espèces sont découvertes chaque année ! On estime qu'il existe environ 1 milliard d'insectes pour chaque être humain !

Avant de quitter la Namibie, dirigez-vous vers le désert du Kalahari où vous rencontrerez des tribus de Bochimans. Plusieurs membres de ce peuple africain très ancien vivent encore de la chasse et de la cueillette et dessinent sur les parois des grottes, comme le faisaient leurs ancêtres, il y a des milliers d'années. Les Bochimans parlent un dialecte « à clics » qui comporte d'étranges claquements de langue. Ils l'utiliseront pour vous dévoiler une lettre de l'énigme :
la cinquième lettre du nom donné aux termites qui assurent la défense de la colonie.

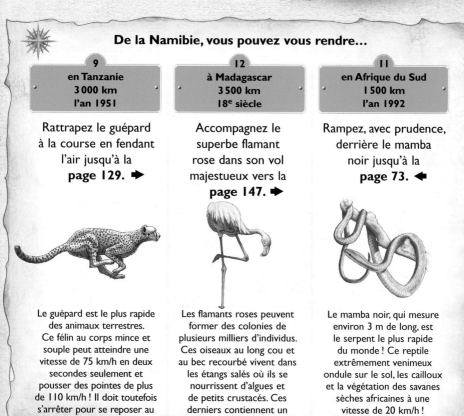

De la Namibie, vous pouvez vous rendre...

9 en Tanzanie 3 000 km l'an 1951	12 à Madagascar 3 500 km 18ᵉ siècle	11 en Afrique du Sud 1 500 km l'an 1992
Rattrapez le guépard à la course en fendant l'air jusqu'à la **page 129.** ➜	Accompagnez le superbe flamant rose dans son vol majestueux vers la **page 147.** ➜	Rampez, avec prudence, derrière le mamba noir jusqu'à la **page 73.** ◀

Le guépard est le plus rapide des animaux terrestres. Ce félin au corps mince et souple peut atteindre une vitesse de 75 km/h en deux secondes seulement et pousser des pointes de plus de 110 km/h ! Il doit toutefois s'arrêter pour se reposer au bout de 20 secondes.

Les flamants roses peuvent former des colonies de plusieurs milliers d'individus. Ces oiseaux au long cou et au bec recourbé vivent dans les étangs salés où ils se nourrissent d'algues et de petits crustacés. Ces derniers contiennent un pigment qui donne au flamant sa couleur rose.

Le mamba noir, qui mesure environ 3 m de long, est le serpent le plus rapide du monde ! Ce reptile extrêmement venimeux ondule sur le sol, les cailloux et la végétation des savanes sèches africaines à une vitesse de 20 km/h !

Au loin, les derniers rayons du soleil éclairent faiblement les montagnes de la Sierra Madre. Nous sommes au mois de juin et les Indiens Papagos se préparent à célébrer le nouvel an. C'est le moment de rendre hommage au grand Indien du désert, qui fournit aux Papagos abris, vin et nourriture. Les membres du village s'emparent de longues perches et partent en direction de la plaine aride. Suivez-les !

Vous avez peine à voir dans l'obscurité grandissante. Soudain, une silhouette se dessine dans les ténèbres. C'est lui, le grand Indien ! Approchez ! Vous avez devant vous l'ombre colossale d'un géant, ses grands bras levés vers les cieux tel un puissant sorcier. Du haut de ses 15 mètres, il vous observe en clignant des yeux…

Rassurez-vous, vous n'êtes pas devant un être surnaturel, mais bien devant un cactus géant appelé saguaro. Le saguaro est si important chez les Indiens Papagos qu'ils lui attribuent une âme humaine ! De plus, ils célèbrent le nouvel an en juin, au moment de la première récolte de ses fruits. Quant aux yeux qui vous observent dans le noir, ce sont ceux de la chouette saguaro, qui aime bien nicher dans ce grand cactus.

LES INDIENS PAPAGOS

Depuis des centaines d'années, le saguaro est au cœur de la vie des Indiens Papagos, aussi appelés Tohono O'odham. Ce peuple du désert utilise le solide squelette interne du cactus comme matériau pour fabriquer des maisons, des clôtures et de nombreux outils. Parmi ces outils figurent les longues perches employées pour cueillir les fruits du saguaro, qui poussent au sommet de la haute plante. Ces fruits juteux, désaltérants et nourrissants sont mangés tels quels ou utilisés pour fabriquer de la confiture, du sirop ou du vin. Les nombreuses graines qu'ils renferment sont broyées pour faire de la farine ou de la bouillie.

Le saguaro, qui pousse dans les régions arides du Nord du Mexique et du Sud des États-Unis, est l'un des plus grands cactus du monde. Il peut vivre plus de 200 ans, dépasser 15 mètres de haut et peser plus de 6 tonnes (l'équivalent du poids d'un éléphant). L'immense réserve d'eau contenue dans sa grande tige charnue constitue près de 85 % de ce poids ! Lors des rares averses, le saguaro est capable d'emmagasiner près de 1 000 litres d'eau, une réserve qui peut lui durer pratiquement un an !

saguaro

Contrairement à la croyance populaire, cette eau n'est pas bonne à boire car le tissu de la plante lui donne un goût très acide. Le saguaro sert de refuge à de nombreux oiseaux, qui creusent des trous dans sa chair humide pour y trouver un peu de fraîcheur.

Les cactus sont des plantes épineuses originaires des régions chaudes d'Amérique. Ils possèdent sur leur tige des organes spéciaux appelés aréoles, à partir desquelles poussent des épines. Ces dernières sont en fait des feuilles transformées qui permettent, entre autres, de protéger la plante contre les animaux et de limiter les pertes d'eau par transpiration. Les cactus font partie d'un plus grand ensemble de plantes appelées plantes grasses, ou plantes succulentes. Celles-ci ont la particularité d'emmagasiner de l'eau dans leurs feuilles, leurs tiges ou leurs racines en prévision des longues périodes de sécheresse. Si tous les cactus sont des plantes grasses, ce ne sont pas toutes les plantes grasses qui sont des cactus… L'agave et l'aloès, par exemple, sont des plantes succulentes qui n'ont ni épines ni aréoles.

◄ Aloès
La plupart des espèces d'aloès sont originaires des régions chaudes et sèches d'Afrique. Le liquide emmagasiné dans leurs feuilles épaisses possède des propriétés médicinales.

Agave ►
L'agave est originaire des régions désertiques d'Amérique. Ses grandes feuilles épaisses contiennent une fibre utilisée depuis longtemps par les Amérindiens pour fabriquer du tissu et des cordes.

Votre départ du Mexique est retardé par le célèbre « Dia de los Muertos », ou « Jour des morts ». Lors de ce festival à la fois macabre et amusant, l'âme des morts reviendrait temporairement sur terre pour faire la fiesta avec les vivants. C'est le moment de dévorer des petits crânes en sucre et de danser en compagnie de l'un de ces joyeux squelettes qui envahissent les rues du pays ! Qui sait, l'un d'eux pourrait vous chuchoter à l'oreille deux lettres de l'énigme : **la première et la troisième lettre du nom donné aux plantes épineuses originaires des régions chaudes d'Amérique.**

À partir du Mexique, vous pouvez vous rendre…

24 au Canada 4 000 km 16e siècle	25 en Californie 1 500 km l'an 1877	26 aux îles Bermudes 4 000 km l'an 1934
Traversez le golfe du Mexique avec les colibris et rendez-vous à la **page 77.** ◀	Suivez le crépitement du serpent à sonnette pour vous rendre à la **page 45.** ◀	Joignez-vous à la longue file indienne des langoustes pour voyager vers la **page 19.** ◀

Au printemps, le colibri à gorge rubis quitte l'Amérique centrale et migre sur des centaines de kilomètres pour aller se reproduire en Amérique du Nord. Les ailes de ce minuscule oiseau, qui battent jusqu'à 75 fois par seconde, peuvent le porter à une vitesse d'environ 40 km/h !

Lorsqu'il est dérangé, le serpent à sonnette fait vibrer de vieilles écailles situées au bout de sa queue. Les ancêtres de ces serpents venimeux d'Amérique du Nord auraient développé ce dispositif d'alarme, il y a des millions d'années, pour éviter d'être piétinés par les troupeaux des ancêtres des bisons.

Lorsque débutent les tempêtes automnales, les langoustes américaines migrent vers des eaux plus profondes et moins agitées. Elles se déplacent alors à la queue leu leu ! Ces grands crustacés peuvent former des chaînes de plusieurs dizaines d'individus et parcourir ainsi 15 km par jour.

Cape Crozier, Antarctique
l'an 1902

Au début du 20ᵉ siècle, le Britannique Robert Falcon Scott organise une grande expédition en Antarctique pour explorer ce continent désert et glacial. Vous faites partie de son équipe !

Près d'un an s'est écoulé depuis votre arrivée. L'hiver tire maintenant à sa fin. Vous décidez de quitter votre campement pour partir en excursion. Alors que vous marchez au milieu de cette terre de glace, vous entendez le brouhaha d'une foule immense. On dirait un grand rassemblement ! Dans la pénombre perpétuelle de l'hiver austral, vous finissez par apercevoir des centaines de grandes silhouettes d'apparence humaine…

Étrangement, ces individus ne semblent pas faire grand cas de ce climat qui vous est pourtant insupportable. Qui donc peut survivre, sans aucun abri et en plein hiver, dans le lieu le plus froid et le plus inhospitalier de la planète ?

Personne… à l'exception des manchots empereurs !

En plein hiver antarctique, lorsque les vents violents soufflent à plus de 150 km/h et que les températures atteignent –60 °C, les manchots empereurs se rassemblent sur la banquise pour se reproduire. Ils réussissent à se réchauffer grâce à leur épaisse couche de graisse isolante, mais aussi en se blottissant les uns contre les autres pour former un groupe compact.

Le manchot empereur est un grand oiseau marin qui mesure environ 1,20 mètre de haut. Il est incapable de voler, toutefois cet excellent nageur utilise ses ailes comme des nageoires. Au début du long hiver austral, la femelle du manchot empereur pond un œuf que le mâle dépose sur ses pattes et recouvre d'un pli de peau de son abdomen. Serrés les uns contre les autres en colonies de plusieurs centaines d'individus, les mâles s'occupent, pendant plus de 60 jours, de couver le précieux œuf alors que les femelles vont se nourrir à la mer. Tandis que l'œuf est à l'abri du froid mordant, le père ne peut pas se déplacer pour se nourrir et doit vivre de ses réserves de graisse. À la fin de l'hiver, lorsque les œufs éclosent, la femelle revient avec de la nourriture pour les petits. Ce n'est qu'à ce moment que le mâle, fatigué et amaigri, pourra enfin aller s'alimenter.

L'océan qui entoure l'Antarctique regorge de vie, surtout pendant la saison estivale. Lorsque la glace commence à fondre, les minuscules algues que la banquise tenait prisonnières sont libérées. Cette abondance de nourriture attire le zooplancton, de minuscules animaux marins. Ceux-ci attirent de plus gros animaux comme les oiseaux migrateurs et les baleines. Lors de la saison froide, plusieurs de ces animaux marins préfèrent migrer vers des eaux plus chaudes. D'autres, comme les manchots, choisissent de rester loin des gros prédateurs.

◄ Krill

Le krill est un ensemble de petits crustacés de 5 à 7 centimètres qui ressemblent à des crevettes. Dans les eaux froides de l'océan Austral, ils vivent en groupes gigantesques, formant d'immenses tapis à la surface de l'océan. On calcule qu'il y a 600 000 milliards de ces créatures dans le monde !

Phoque de Weddell ►

Le phoque de Weddell est le mammifère vivant le plus près du pôle Sud. Il possède une couche de graisse isolante ainsi qu'une fourrure dense et imperméable qui le protègent du froid. Cet excellent plongeur passe l'hiver polaire dans l'eau, sous une épaisse couche de glace. Avec ses dents, il perce des trous dans la glace pour respirer.

◄ Poisson des glaces

Comme les centaines d'autres espèces de poissons qui vivent dans les eaux glaciales de l'océan Austral, le poisson des glaces produit un antigel naturel. Son sang contient des substances spéciales qui empêchent son corps de geler, même à des températures au-dessous de zéro.

Profitez de votre séjour en Antarctique pour effectuer une trempette revigorante dans l'océan Austral. Mais méfiez-vous du léopard de mer, un gros phoque qui peut mesurer plus de 3 mètres de long. Caché sous un bloc de glace, il attend que ses proies plongent et hop !, il les croque au passage. Le léopard de mer raffole des manchots. Il peut en avaler pas moins d'une trentaine par jour ! Allez, votre bravoure sera récompensée par une lettre de l'énigme : **la sixième lettre du nom de l'oiseau qui se reproduit sur la banquise de l'Antarctique.**

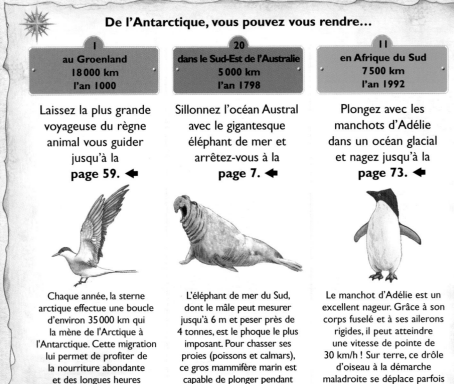

De l'Antarctique, vous pouvez vous rendre...

I	20	II
au Groenland **18 000 km** **l'an 1000**	**dans le Sud-Est de l'Australie** **5 000 km** **l'an 1798**	**en Afrique du Sud** **7 500 km** **l'an 1992**

Laissez la plus grande voyageuse du règne animal vous guider jusqu'à la **page 59.** ◄

Sillonnez l'océan Austral avec le gigantesque éléphant de mer et arrêtez-vous à la **page 7.** ◄

Plongez avec les manchots d'Adélie dans un océan glacial et nagez jusqu'à la **page 73.** ◄

Chaque année, la sterne arctique effectue une boucle d'environ 35 000 km qui la mène de l'Arctique à l'Antarctique. Cette migration lui permet de profiter de la nourriture abondante et des longues heures d'ensoleillement de chaque pôle au meilleur moment de l'année.

L'éléphant de mer du Sud, dont le mâle peut mesurer jusqu'à 6 m et peser près de 4 tonnes, est le phoque le plus imposant. Pour chasser ses proies (poissons et calmars), ce gros mammifère marin est capable de plonger pendant près de 2 heures (sans respirer !) et jusqu'à 1 500 m de profondeur !

Le manchot d'Adélie est un excellent nageur. Grâce à son corps fuselé et à ses ailerons rigides, il peut atteindre une vitesse de pointe de 30 km/h ! Sur terre, ce drôle d'oiseau à la démarche maladroite se déplace parfois en glissant à plat ventre sur la glace.

À bord d'un véhicule safari, vous traversez la savane africaine, célèbre pour ses prestigieux trophées de chasse. Parmi ceux-ci figurent le léopard, le buffle et surtout, le terrible lion.

Vous avez quitté le campement tôt ce matin, décidé à ne pas revenir bredouille. À la mi-journée, vous profitez d'un arrêt pour effectuer un tour d'horizon avec votre longue-vue. Vous ne voyez que de l'herbe à perte de vue. Attendez ! Là-bas, à l'ombre d'un arbre solitaire, repose... un lion. Vous décidez de troquer votre longue-vue pour l'imposant engin noir que vous portez en bandoulière. Vérifiez s'il est chargé. Parfait ! Vous le remontez à la hauteur de votre œil. Ça y est, l'animal est dans le viseur. Vous êtes maintenant prêt à mitrailler la belle bête. Dans un mouvement presque imperceptible, votre index appuie sur le déclencheur...

Clic ! Clic ! Clic ! Vos photos seront superbes !

•••

Le parc national du Serengeti, créé en 1951, figure parmi les plus vastes réserves fauniques d'Afrique. Il abrite des millions de gros mammifères, parmi lesquels figurent l'éléphant, le lion, la girafe, le zèbre, le rhinocéros et l'hippopotame. Chassés à l'excès par les Européens au début du 20e siècle, ces animaux sont désormais protégés et les appareils photo ont remplacé les carabines lors des safaris.

parc national du Serengeti

Le mot Serengeti signifie « plaines sans fin » dans la langue du peuple massaï. Le parc est effectivement tapissé d'herbe à perte de vue. Cette abondance d'herbe, qui constitue la savane, permet la présence de plusieurs animaux herbivores comme l'éléphant, la girafe, le zèbre, l'antilope, la gazelle et le gnou. Ces animaux attirent de nombreux carnivores comme le lion, le léopard et le guépard. Ceux-ci laissent derrière eux des carcasses qui nourrissent les charognards, dont l'hyène, le chacal et le vautour.

Les saisons rythment la vie des animaux de la savane. Lors de la saison des pluies, les végétaux sont abondants et les bêtes se dispersent dans la plaine verdoyante. Lors de la saison sèche, les herbivores se rassemblent et parcourent de grandes distances en quête de points d'eau et de prairies plus humides. Ils sont suivis dans leur migration par de nombreux carnivores et charognards. Dans la savane africaine, plusieurs espèces forment des groupes pour se protéger des prédateurs, trouver de la nourriture, prendre soin des petits et défendre leur territoire.

130

▲
Lion

Le lion est un carnivore agile et puissant qui peut mesurer plus de 2 mètres de long et peser jusqu'à 250 kilogrammes. Contrairement aux autres félins, les lions vivent en groupe. Celui-ci est formé de plusieurs générations de femelles, dominées par un ou deux mâles. Les femelles chassent ensemble et coopèrent pour élever leurs petits, tandis que les mâles protègent leur territoire contre les intrus… surtout les mâles rivaux !

◄ **Éléphant**

L'éléphant, qui peut atteindre 4 mètres de haut et peser jusqu'à 7 tonnes, est le plus gros animal terrestre. Cet herbivore vit en sociétés bien structurées, constituées autour d'un noyau de femelles qui s'entraident pour protéger leurs petits. Exclus du troupeau, les mâles visitent les femelles pour la reproduction seulement.

Hyène ►

Les hyènes possèdent des mâchoires puissantes et de grosses dents qui leur permettent de broyer les parties dures d'une carcasse, comme les os. Ces animaux charognards sont aussi d'excellents chasseurs, surtout les hyènes tachetées. En chassant en groupe, elles viennent à bout d'herbivores beaucoup plus gros qu'elles, comme les zèbres et les gnous.

Ne quittez pas la Tanzanie sans aller « faire un saut » dans un village massaï. Ce peuple d'éleveurs se nourrit presque exclusivement du lait, du sang et de la viande de son bétail. Les Massaï se distinguent également par leur danse traditionnelle. Ne manquez pas d'y participer en sautillant sur place le plus haut possible.

À partir de la Tanzanie, vous pouvez vous rendre...

8	10	6
en Éthiopie	**en Namibie**	**en Afrique de l'Ouest**
2 000 km	3 000 km	6 500 km
13ᵉ siècle	l'an 2006	l'an −470

Étirez le cou et scrutez l'horizon pour repérer la **page 91.** ←

Traversez la savane africaine en galopant avec un troupeau de zèbres jusqu'à la **page 117.** ←

Empruntez la puissance et la grâce du léopard pour bondir à la **page 23.** ←

La girafe est le plus grand animal terrestre. Sa hauteur peut dépasser 5 m, soit trois fois celle d'un humain ! Malgré sa taille imposante, la girafe n'en est pas moins un animal extrêmement rapide. Elle peut atteindre une vitesse de près de 50 km/h!

Le zèbre est, comme son cousin le cheval, un excellent coureur. Il peut atteindre une vitesse de plus de 60 km/h ! Chaque individu possède des zébrures différentes de celles de ses congénères. On croit que ces variations permettent aux zèbres de se reconnaître mutuellement.

Le léopard peut atteindre une vitesse de 55 km/h, effectuer des bonds de 6 m de long et sauter à une hauteur 5 m ! Pour éloigner les rôdeurs, il hisse la carcasse de ses proies sur des branches d'arbre hautes de plusieurs mètres.

Au cours de votre traversée du continent africain, vous commencez à ressentir des crampes, des maux de tête et une extrême fatigue. Vous êtes de plus en plus confus et avez de la difficulté à marcher, et même à parler... Aucun doute, la mouche tsé-tsé vous a piqué ! Heureusement, vous absorbez à temps le médicament qui permet d'arrêter la progression de la terrible maladie du sommeil ! Ouf !
Une fois rétabli, continuez tranquillement votre chemin jusqu'à la page 91. ◄

Le gigantesque crocodile marin possède une diète variée qui inclut souvent de grosses proies comme les buffles, les sangliers, les singes et... les humains ! Affamé, ce dangereux reptile a décidé de vous poursuivre plutôt que de vous guider. Aïe, aïe, aïe ! Ses puissantes mâchoires garnies de plus d'une soixantaine de dents tranchantes pourraient bien ne faire qu'une bouchée de vous ! Vite ! Nagez et changez de destination afin de gagner plus rapidement la terre ferme, en Indonésie, à la page 15. ◄

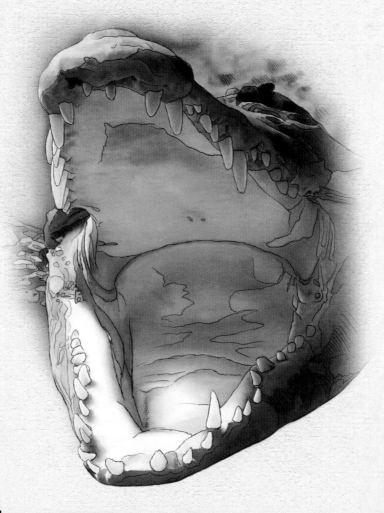

Vous vous trouvez à bord d'un submersible hautement sophistiqué qui longe le fond marin, à quelque 2 500 mètres de profondeur. Dans ce milieu froid, obscur et désertique, vous espérez trouver et étudier une zone volcanique sous-marine.

Soudain, de grandes cheminées apparaissent dans la lumière de vos phares. Tels des geysers sous-marins, elles crachent des gaz et des jets d'eau bouillante provenant des entrailles de la Terre. Alors que vous vous approchez tranquillement… un spectacle invraisemblable s'offre à vous.

Dans cet environnement obscur et rempli de gaz toxiques, où l'eau bouillante côtoie l'eau glaciale, vous découvrez… une véritable OASIS DE VIE !

Autour des cheminées, appelées sources hydrothermales, se trouve un attroupement d'animaux étranges : des vers géants, des poissons sans écailles, de gros crabes voraces, bref, une multitude d'espèces animales demeurées inconnues jusqu'ici.

UNE ÉTONNANTE DÉCOUVERTE

En 1977, trois chercheurs à bord du submersible Alvin découvrent la faune étrange entourant les sources hydrothermales. Ils constatent que plusieurs créatures possèdent des tubes, des coquilles ou des carapaces pour se protéger de la chaleur et des gaz toxiques. Grâce à cette découverte, plus de 300 nouvelles espèces animales sont répertoriées !

Les sources hydrothermales se forment aux endroits où l'eau de mer pénètre dans les fissures de la croûte terrestre. L'eau se réchauffe au contact du magma (une couche de roche molle et brûlante qui se trouve sous la croûte terrestre). Elle rejaillit ensuite dans l'océan sous forme de jets dont la température frôle les 400 degrés Celsius ! Au contact de l'eau froide, les métaux et les éléments chimiques contenus dans l'eau brûlante forment des nuages de cendre. La cendre se dépose sur le fond en couches successives et crée avec le temps de hautes cheminées.

De nombreuses bactéries vivent autour des sources hydrothermales. Ces micro-organismes utilisent le sulfure d'hydrogène, un gaz toxique émis par les sources, pour se développer et croître. L'abondance de bactéries attire plusieurs animaux, qui à leur tour nourrissent plusieurs carnivores. Un écosystème luxuriant apparaît alors à des milliers de mètres de profondeur, dans un environnement que l'on croyait désert. Les bactéries forment le premier maillon d'une chaîne alimentaire exceptionnelle, l'une des rares sur Terre à ne pas dépendre des plantes et du Soleil !

LES PREMIERS ÊTRES VIVANTS

La vie est apparue sur Terre il y a quelque 3,8 milliards d'années, alors qu'une chaleur étouffante et une atmosphère irrespirable régnaient sur notre planète. Plusieurs scientifiques croient que les premiers êtres vivants sont apparus autour des sources hydrothermales. Ces êtres microscopiques, qui ressemblaient à des bactéries, se nourrissaient des éléments chimiques qui les entouraient et s'accommodaient alors très bien de l'absence d'oxygène.

◀ Riftia

Le riftia, un ver pouvant mesurer jusqu'à 3 mètres de long, vit dans un tube protecteur près des sources hydrothermales. Sans bouche ni système digestif, il héberge dans son corps des bactéries qui lui fournissent directement la nourriture dont il a besoin.

Zoarcide

Le zoarcide est l'un des rares poissons vivant près des sources hydrothermales. Son long corps comprimé et blanc ne possède pas d'écailles. Ce prédateur, qui mesure près de 60 centimètres de long, nage lentement et se nourrit de petits invertébrés tels que des crevettes. ▶

◀ Crabes blancs

Les crabes blancs, dont la taille de la carapace peut atteindre près de 13 centimètres, sont des créatures féroces. Rassemblés en gigantesques groupes autour des cheminées, ils dévorent aussi bien des bactéries que des crevettes ou des mollusques. Parfois, ils se mangent même entre eux !

Palourdes géantes ▶

Les palourdes géantes se rassemblent par centaines autour des sources hydrothermales. Ces animaux, dont la taille de la coquille peut atteindre près de 30 centimètres, hébergent des bactéries dans leurs branchies. Ces bactéries utilisent le soufre provenant des sources pour produire la nourriture dont les palourdes ont besoin.

137

Ne quittez pas les sources hydrothermales sans faire la connaissance des vers de Pompéi. Ces animaux qui mesurent 13 centimètres de long endurent les conditions extrêmes mieux qu'aucune autre créature. La température de l'eau à leur tête avoisine 20 degrés Celsius, tandis que la température à leur pied, posé directement sur une cheminée, atteint près de 80 degrés Celsius ! Profitez de cette rencontre chaleureuse pour saisir deux lettres de l'énigme crachées par la cheminée : **la troisième lettre du nom d'un ver qui vit dans un tube et la septième lettre du nom d'un poisson sans écailles.**

De la dorsale Galapagos, vous pouvez vous rendre...

31 aux îles Galapagos 500 km l'an 1835	27 aux îles Hawaii 7000 km 5e siècle	19 dans l'Est de l'Australie 12000 km l'an 1770
Évitez de rencontrer le chauliodontidé en nageant dans les ténèbres jusqu'à la **page 51.** ◀	Agrippez-vous à la queue du grenadier et parcourez le fond marin jusqu'à la **page 87.** ◀	Traversez les profondeurs du Pacifique avec le grandgousier jusqu'à la **page 37.** ◀

Le chauliodontidé abyssal hante les profondeurs océaniques. Ce poisson monstrueux d'une vingtaine de centimètres est équipé d'une mâchoire redoutable et de longues dents incurvées qui lui permettent d'embrocher les rares proies de passage.

Le grenadier abyssal est le poisson le plus abondant des grandes profondeurs océaniques. Cette créature qui mesure près de 1 m de long peuple effectivement le fond de tous les océans du globe. Avec sa grosse tête et sa longue queue, le grenadier abyssal ressemble à un énorme têtard.

Le corps du grandgousier à poche de pélican ressemble à une énorme tête fendue d'une large gueule. Comme la nourriture est rare autour de lui, le grandgousier ne laisse passer aucune proie. Il nage en gardant son énorme bouche constamment ouverte.

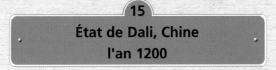

La dynastie Song règne sur le Sud de la Chine. Vous venez de terminer vos études à l'Académie impériale de peinture, célèbre dans tout l'Orient. Vous désirez maintenant voyager à travers l'empire pour peindre à l'encre ses plus beaux paysages.

Au cours du quatrième mois lunaire, vous trouvez une source située au pied d'un pic montagneux. Les branches de quelques arbres en fleurs s'étirent au-dessus de la source et donnent à l'ensemble une touche de poésie. Alors que vous préparez vos instruments de peinture, les fleurs commencent à s'agiter… Puis, des centaines de papillons de toutes les couleurs émergent des branches et virevoltent au-dessus de la source. Regardez ! Un magnifique papillon orange et bleu se dirige vers la forêt… Délaissez votre encrier et vos rouleaux et suivez-le !

Après une course effrénée, vous êtes sur le point de l'attraper quand le papillon se pose sur une branche et… disparaît !!!

Le magnifique insecte n'est pas disparu. Au contraire, vous l'avez toujours sous les yeux. Observez attentivement… Voici devant vous le roi des imitateurs : le papillon-feuille !

•••

Pour échapper aux yeux des prédateurs, plusieurs animaux possèdent une coloration identique à celle du milieu dans lequel ils vivent. Pour parfaire leur camouflage, certains prennent même l'apparence d'un objet naturel, comme une feuille, une fleur ou une brindille. En Asie, les papillons-feuilles sont les maîtres incontestés du camouflage. Lorsqu'elles sont déployées, leurs ailes sont très colorées. Mais en position de repos, lorsqu'elles sont repliées sur leur dos, elles ont toute l'apparence d'une feuille morte. Ainsi déguisé, le papillon n'attire nullement l'attention des prédateurs.

Papillon-verre ▶

Le papillon-verre des régions tropicales d'Amérique du Sud possède des ailes transparentes qui lui permettent de se fondre dans son environnement.

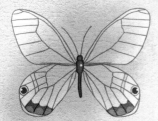

◀ **Phalène du bouleau**

Le phalène du bouleau, un papillon de nuit européen, se confond parfaitement avec l'écorce de l'arbre sur lequel il a l'habitude de se poser.

Papillon-hibou ▶

Le papillon-hibou, présent en Amérique du Sud et en Amérique centrale, possède sur ses ailes de grosses taches circulaires appelées ocelles. Ces faux yeux de hibou servent à effrayer d'éventuels agresseurs.

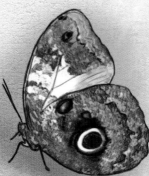

Il existe plus de 100 000 espèces de papillons réparties en deux grands groupes : les papillons de jour et les papillons de nuit. On les distingue facilement par la forme de leurs antennes. Contrairement aux papillons de nuit, les papillons de jour possèdent de petits renflements à l'extrémité de leurs antennes. Tous les papillons ont un cycle de vie qui les mène à travers quatre phases.

LA MÉTAMORPHOSE DE LA CHENILLE EN PAPILLON

1. L'œuf
La femelle papillon pond habituellement ses œufs sur la plante qui nourrira ses larves. Cette plante est appelée hôte.

2. La chenille
Lorsque la larve, appelée chenille, émerge de l'œuf, elle n'a qu'un seul objectif : manger ! La chenille dévore son œuf et le feuillage de la plante hôte. Elle grossit rapidement et peut multiplier des centaines de fois son poids initial.

3. La chrysalide
Lorsqu'elle a atteint sa taille maximale, la chenille se transforme en chrysalide. Sa peau durcit et l'enveloppe complètement. À l'intérieur de la chrysalide, les ailes, les antennes et la trompe se forment.

4. Le papillon
Ses transformations complétées, le papillon émerge de la chrysalide, prêt à s'envoler pour se reproduire.

L'ÉVOLUTION DES INSECTES

Les insectes ont fait leur apparition sur la Terre il y a plus de 400 millions d'années. Parmi les insectes primitifs, certains portaient sur leur corps de petits appendices aplatis. Ces structures, qui servaient peut-être à capter la chaleur du Soleil, auraient également pu permettre de planer d'une branche d'arbre à une autre. Les premières vraies ailes d'insectes se seraient développées à partir de ces structures. Grâce aux ailes, les insectes ont pu conquérir les quatre coins du monde.

Avant de quitter la Chine, baladez-vous dans les montagnes du Centre du pays. Avec BEAUCOUP de chance, vous y verrez un grand panda. Ce colosse au beau pelage blanc et noir se nourrit presque exclusivement de pousses de bambou. On estime qu'il reste moins de 1 000 pandas à l'état sauvage ! Le grand panda est si beau et si rare qu'il est devenu le symbole de la WWF (World Wildlife Fund), une organisation mondiale qui se consacre à la protection de la nature.

De la Chine, vous pouvez vous rendre…

14 en Inde 2 500 km l'an 2004	17 en Malaysia 2 800 km 15e siècle	16 en Indonésie 4 000 km l'an 1000
Mettez-vous dans la peau d'un tigre affamé et saisissez d'un coup de mâchoire la **page 109.** ◄	Suivez le bourdonnement incessant d'un nuage de moustiques jusqu'à la **page 67.** ◄	Agrippez-vous aux ailes d'un papillon géant et virevoltez avec allégresse jusqu'à la **page 15.** ◄

Le tigre est le félin le plus grand et le plus fort. Il peut mesurer jusqu'à 3 m de long et peser plus de 300 kg ! Le pelage rayé de ce chasseur nocturne lui permet de se camoufler parmi la végétation dense des forêts et des marécages asiatiques, à l'affût d'une proie.

Il existe dans le monde quelque 3 000 espèces de moustiques. Ces insectes sont célèbres pour les piqûres qu'ils infligent aux autres animaux, humains compris. Seule le moustique femelle pique. Les protéines contenues dans le sang qu'elle absorbe sont essentielles à la formation de ses œufs.

Le bombyx atlas est l'un des plus gros papillons du monde. L'envergure de ses ailes peut atteindre 30 cm, soit la taille d'une assiette ! Cet immense papillon de nuit est incapable de se nourrir. Il survit une à deux semaines grâce aux réserves qu'il a accumulées à l'état de chenille.

Bienvenue chez le peuple aléoute ! Ces habitants des îles volcaniques situées à l'ouest de l'Alaska dépendent de la mer pour se nourrir, s'habiller et même se loger ! Ils vous accueillent aujourd'hui chaleureusement dans leurs petites maisons construites en partie avec des os de baleines.

Le brouillard est toujours dense dans cette partie du monde. Malgré tout, les hommes partent chasser les mammifères marins à bord de leurs grosses barques recouvertes de peau de phoque. Pendant ce temps, vous accompagnez les femmes qui vont cueillir des plantes. Celles qu'elles doivent ramasser mesurent des dizaines de mètres de haut et poussent dans une forêt qui sort de l'ordinaire. En effet, celle-ci est située… sous la mer !

La forêt sous-marine en question est constituée non pas d'arbres, mais d'algues géantes appelées varech. Les Aléoutes récoltent ces algues non seulement pour se nourrir, mais aussi pour fabriquer des cordes et des lignes de pêche.

•••

varech

Les forêts de varech géant forment d'immenses jungles dans les eaux côtières froides comme celles de l'Alaska et de la Californie. Ces algues peuvent mesurer jusqu'à 60 mètres de long, l'équivalent d'un gratte-ciel de 20 étages ! En plus d'être les plus grandes algues du monde, elles sont parmi les plantes qui poussent le plus rapidement. En effet, le varech pousse de 30 à 60 centimètres par jour ! Les forêts de varech protègent le littoral contre les vagues et les courants forts. Elles fournissent un abri aux jeunes poissons ainsi qu'à une multitude d'autres organismes marins.

LES LOUTRES DE MER

La forêt de varech est le domaine de la loutre de mer, qui s'y nourrit, y élève sa famille et y dort, entortillée dans les algues. Cet animal marin est un des rares mammifères à utiliser des outils. En effet, la loutre se sert d'une pierre plate trouvée au fond de l'eau comme enclume. Elle s'installe sur le dos, à la surface de l'eau, et pose la pierre sur son abdomen. Elle frappe ensuite sa proie (oursin, coquillage ou crustacé) contre la pierre jusqu'à ce que son armure protectrice cède. La loutre de mer a une importance cruciale pour le développement du varech.

En se nourrissant d'oursins, elles contrôlent leur population et empêchent ceux-ci de dévorer une trop grande quantité d'algues.

Il existe quelque 25 000 espèces d'algues marines. Ces plantes n'ont ni tige, ni feuilles, ni fleurs, ni racines. Alors que certaines algues flottent librement à la surface des océans, d'autres se fixent aux rochers à l'aide de crampons. Comme les plantes terrestres, les algues contiennent de la chlorophylle, un pigment vert qui leur permet de capter la lumière du soleil. Grâce à cette lumière, les plantes peuvent transformer le gaz carbonique en sucres, des aliments permettant leur croissance. Ce processus, qui produit de l'oxygène, se nomme la photosynthèse.

LES PREMIÈRES PLANTES

Les algues sont les ancêtres de tous les végétaux ! En effet, elles ont été les premières plantes à apparaître sur notre planète, entre 1 et 2 milliards d'années avant aujourd'hui. Elles étaient alors microscopiques et formées d'une seule cellule.

Les algues jouent un rôle écologique crucial. La chaîne alimentaire océanique débute avec les minuscules algues flottantes appelées phytoplancton. Le phytoplancton sert de nourriture aux animaux marins mangeurs de plantes, les herbivores, qui sont ensuite dévorés par les mangeurs de viande, les carnivores. En plus d'être à la base de la chaîne alimentaire océanique, les milliards d'algues qui composent le phytoplancton fournissent aux êtres vivants de la planète plus d'oxygène que ne le font les grandes jungles tropicales.

Avant de repartir, laissez-vous tenter par une assiette d'algues. Riches en vitamines et en minéraux de toutes sortes, elles sont excellentes pour la santé ! On les cultive aujourd'hui sur de grands filets tendus dans les eaux côtières peu profondes. Les algues servent également à l'alimentation des animaux d'élevage, à la fabrication d'engrais, de médicaments, de produits de beauté, de dentifrice et même de crème glacée !

De l'Alaska, vous pouvez vous rendre...

24 au Canada 6 000 km 16ᵉ siècle	25 en Californie 4 000 km l'an 1877	13 en Mongolie 7 000 km l'an 1275
Suivez le sifflement mélodieux de la marmotte jusqu'à la **page 85.** ◄	Ajoutez du piquant à vos aventures en accompagnant le porc-épic jusqu'à la **page 45.** ◄	Planez dans le ciel avec l'aigle royal et repérez, grâce à vos yeux perçants, la **page 41.** ◄

La marmotte vit dans les champs d'Amérique du Nord où elle creuse des terriers qui peuvent s'étendre sur plusieurs mètres. Lorsqu'il se sent menacé, ce gros rongeur plonge dans son terrier en émettant un sifflement aigu qui ressemble au cri d'un oiseau.

Le porc-épic d'Amérique du Nord est une boule de 30 000 piquants qui se hérissent au moindre danger. Ces aiguilles pointues qui atteignent 5 cm peuvent s'enfoncer profondément dans la chair d'un ennemi. Elles peuvent même percer des organes et, dans certains cas, causer la mort.

Avec son envergure d'ailes qui dépasse 2 m, l'aigle royal est un des plus grands rapaces du monde. Ce chasseur diurne possède une vision qui est 8 fois supérieure à celle de l'humain et qui lui permet de repérer ses proies de très haut.

Vous voici à Madagascar, la quatrième plus grande île du monde. Les Européens ont établi des comptoirs de commerce le long de ses côtes, mais rares encore sont ceux qui ont exploré l'intérieur de l'île. Quelques naturalistes, comme vous, commencent à s'aventurer dans la jungle montagneuse. Partout où vous posez les yeux, vous observez une plante ou un animal que vous ne connaissez pas et qui semble n'exister qu'ici.

Un soir, autour d'un feu de camp, le guide malgache qui vous accompagne dans votre expédition vous fait le récit des nombreuses croyances de son peuple. Une d'entre elles raconte qu'il existerait dans la forêt une créature maléfique dont la simple présence attire la mort. Les habitants de l'île en ont une peur bleue !

Soudain, deux grands yeux globuleux apparaissent dans l'arbre devant vous…

Votre guide, complètement affolé, s'écrie « aye-aye » ! Serait-ce le nom de la bête maléfique ? Oui ! Mais, malgré les superstitions et son air effrayant, elle est complètement inoffensive et se trouve même beaucoup plus menacée que vous...

aye-aye

L'aye-aye, qui vit uniquement dans l'île de Madagascar, est le dernier représentant d'une branche très ancienne de primates aujourd'hui disparus. Ce drôle d'animal arboricole a la taille d'un chat, des oreilles de chauve-souris, des dents de rongeur, une queue de renard et des mains de singe. Ses doigts sont démesurément longs, surtout celui du milieu de la main. L'aye-aye utilise ce dernier pour explorer les petites fissures de l'écorce à la recherche d'insectes dont il se nourrit. L'animal terrifie encore aujourd'hui les habitants de Madagascar. Pourtant, les rencontres avec ce primate menacé de disparition sont rares. Son habitat naturel disparaît progressivement en raison de la destruction des forêts par l'homme.

UN PARADIS MENACÉ

Située au large de l'Afrique, l'île de Madagascar abrite des plantes et des animaux uniques au monde. Sur cette île gigantesque, quatre espèces sur cinq sont endémiques, ce qui signifie qu'on ne les trouve nulle part ailleurs. Malheureusement, ce paradis au cœur de l'océan Indien est gravement menacé par la déforestation. La forêt tropicale, qui recouvrait autrefois les trois quarts de l'île, ne représente plus aujourd'hui que 20 % de sa superficie.

Les ayes-ayes sont des lémuriens, un groupe de primates proche des singes. Les lémuriens vivent presque exclusivement dans l'île de Madagascar. La majorité d'entre eux sont nocturnes et vivent dans les arbres où ils se nourrissent de feuilles, de fruits et d'insectes.

◄ Maki catta

Les makis catta, qui habitent les régions montagneuses de Madagascar, sont des lémuriens qui apprécient la vie de groupe. Réunis en bandes d'une quinzaine d'individus, ils élèvent leurs petits en commun. Contrairement à la plupart des lémuriens, les makis catta sont diurnes, c'est-à-dire qu'ils sont actifs le jour et dorment la nuit. Une de leurs occupations préférées consiste à prendre des bains de soleil.

Indri ►

L'indri, qui peut mesurer jusqu'à 75 centimètres de long, est le plus grand lémurien. Il vit dans les forêts humides du Nord-Est de Madagascar où il se nourrit de feuilles et de fruits. Privé de son habitat en raison de la déforestation, ce primate est gravement menacé de disparition. Son chant plaintif, qui ressemble à celui d'une baleine, s'entend à des kilomètres à la ronde.

◄ Lémurien souris

Le lémurien souris (ou microcèbe) est le plus petit de tous les primates. Avec un corps d'une dizaine de centimètres de long, il peut s'agripper à votre doigt ! Cet animal nocturne vit dans les forêts de Madagascar où il saute d'une branche à l'autre à la recherche de fruits et d'insectes.

L'île de Madagascar est aussi célèbre pour ses caméléons. Ces lézards ont la particularité de changer de couleur selon le milieu dans lequel ils se trouvent, selon la température, la lumière et même selon leur humeur. Les caméléons possèdent des yeux qui peuvent bouger indépendamment l'un de l'autre et une très longue langue. Celle-ci peut être déployée en une fraction de seconde pour capturer un insecte... ou une lettre de l'énigme : **la huitième lettre du nom de l'île où vit l'aye-aye.**

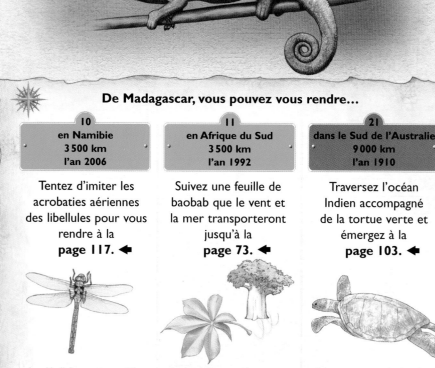

De Madagascar, vous pouvez vous rendre...

10	11	21
en Namibie 3 500 km l'an 2006	**en Afrique du Sud** 3 500 km l'an 1992	**dans le Sud de l'Australie** 9 000 km l'an 1910

Tentez d'imiter les acrobaties aériennes des libellules pour vous rendre à la **page 117.** ◄

Suivez une feuille de baobab que le vent et la mer transporteront jusqu'à la **page 73.** ◄

Traversez l'océan Indien accompagné de la tortue verte et émergez à la **page 103.** ◄

Les libellules sont parmi les insectes les plus rapides. Équipées de deux paires d'ailes rigides, elles sont capables de voler à une vitesse de 75 km/h ! Elles peuvent également voler sur place, à la verticale et même à reculons, tels de petits hélicoptères !

Le baobab est un imposant arbre africain dont le tronc dépasse parfois 15 m de diamètre. Il est si gros qu'un spécimen au tronc creux peut servir de maison ! Le baobab perd ses feuilles en hiver. Il ressemble alors à un arbre qui pousse à l'envers, les racines vers le ciel.

La tortue verte vit dans les eaux peu profondes des océans chauds du globe. Elle ne sort de l'océan que pour pondre. Cette grosse tortue migre sur des centaines, voire des milliers de kilomètres, pour retrouver la plage où elle est née et y enterrer ses œufs.

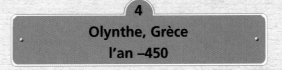

Vous habitez une spacieuse villa construite sur deux étages dans la cité d'Olynthe, dans le Nord de la Grèce. Votre riche demeure comporte plusieurs pièces disposées autour d'une cour intérieure. L'étage supérieur est le quartier des femmes et leur est strictement réservé. Au rez-de-chaussée se trouve la salle des hommes, la cuisine, la salle à manger et une nouveauté grecque : la salle de bain ! Entrez-y…

Prêt pour votre toilette quotidienne ? Abandonnez vos sandales de cuir et votre tunique sur le plancher carrelé. Puis, enfoncez-vous dans l'eau froide de la baignoire. Soudain, un animal plonge dans la baignoire avec vous… Il participera même à la séance de nettoyage !

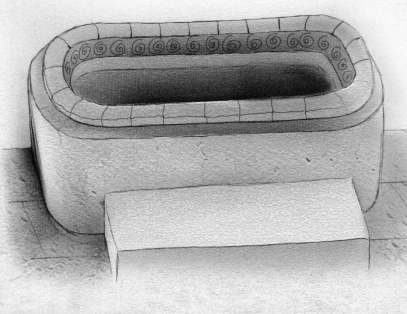

Ne paniquez pas ! Il ne s'agit pas ici d'une bestiole vivante, mais plutôt du squelette d'un animal : l'éponge !

•••

éponge

Les éponges sont des créatures extrêmement simples et anciennes. Elles figurent parmi les premiers animaux qui ont évolué sur Terre, il y a des centaines de millions d'années ! Les éponges sont dépourvues de membres, d'yeux, d'oreilles, de cerveau, de cœur et de tube digestif. Incapables de bouger, elles restent fixées au fond marin, à un rocher ou à un récif de corail. Grâce aux multiples trous (les pores) qui recouvrent leur corps, les éponges peuvent absorber une grande quantité d'eau. Celle-ci leur fournit directement l'oxygène et les nutriments dont elles ont besoin pour se développer. L'oscule, une grande ouverture située au sommet de l'éponge, permet à celle-ci d'évacuer l'eau absorbée et les déchets.

Le squelette de l'éponge a la particularité de retenir beaucoup d'eau. Déjà, il y a des milliers d'années, il était utilisé par les Grecs et les Romains pour le bain et le nettoyage. Les soldats l'utilisaient pour rembourrer leur casque et transportaient des éponges pleines d'eau qui servaient de gourde pour « éponger » leur soif ! L'utilité de l'éponge était telle que les plongeurs (en majorité grecs) pouvaient s'aventurer sans équipement jusqu'à 60 mètres de profondeur pour les pêcher ! Aujourd'hui, l'utilisation d'éponges synthétiques permet d'épargner la vie des plongeurs... autant que celle des éponges naturelles.

Les éponges sont particulièrement abondantes et colorées dans les mers tropicales, où elles se fixent aux récifs de coraux.

Il existe des milliers d'espèces d'éponges de toutes les formes et de toutes les couleurs. Certaines mesurent à peine quelques millimètres alors que d'autres peuvent atteindre 1 mètre de haut ! Les éponges sont présentes dans tous les océans et certaines espèces vivent même en eau douce. Il existe trois grands groupes : les éponges calcaires, les démosponges et les éponges de verre. Le premier groupe possède un squelette de calcaire. Ces éponges sont les plus petites et les plus primitives.

éponge calcaire

Le deuxième groupe, les démosponges, représente la majorité des espèces. Leur squelette contient de la spongine, une matière souple et douce comme la soie. Ce sont ces éponges qui sont utilisées par les humains. Enfin, le troisième groupe comprend les éponges de verre. Celles-ci vivent souvent à des milliers de mètres de profondeur et possèdent un squelette rigide fait de silice, une matière blanche ou transparente qui les fait ressembler à de magnifiques châteaux de cristal.

démosponge

éponge de verre

LA REPRODUCTION DES ÉPONGES

Plusieurs espèces d'éponges se reproduisent comme nous, grâce à la rencontre d'un ovule et d'un spermatozoïde. D'autres espèces se reproduisent de façon asexuée, c'est-à-dire sans avoir recours aux spermatozoïdes et aux ovules. Lors d'un phénomène appelé bourgeonnement, un petit nombre de cellules de l'éponge se regroupent et forment un bourgeon. À la mort de l'éponge, ce bourgeon se sépare du corps de la mère et produit une nouvelle éponge.

Ne quittez pas la Grèce sans visiter Delphes. Cette cité antique abrite le temple d'Apollon, le dieu grec de la lumière. Lorsque les anciens Grecs étaient tourmentés par une question, ils se rendaient à Delphes pour recevoir l'oracle (la réponse) d'Apollon. Cet oracle était transmis par l'intermédiaire d'une prêtresse humaine : la pythie. Chut ! Écoutez celle-ci vous souffler une lettre de l'énigme : **la cinquième lettre du nom du groupe qui représente la majorité des espèces d'éponges.**

À partir de la Grèce, vous pouvez vous rendre...

3	5	7
en France **2 000 km** **16ᵉ siècle**	**en Ukraine** **1 500 km** **l'an –4500**	**en Égypte** **2 000 km** **l'an –40**

 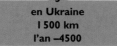

Laissez-vous guider par le meilleur et le plus vieil ami de l'homme jusqu'à la **page 99.** ←

Suivez le martinet noir et volez sans jamais vous fatiguer jusqu'à la **page 69.** ←

Planez gracieusement avec une colonie de pélicans jusqu'à la **page 55.** ←

L'ancêtre des chiens serait le loup ! Il y a des milliers d'années, les hommes préhistoriques auraient apprivoisé des louveteaux pour les aider à pister le gibier et pour défendre leur campement. Avec le temps, des croisements spécialisés ont fait émerger quelque 400 races de chiens !

Le martinet noir se nourrit, se nettoie, se reproduit et sommeille à plusieurs centaines de mètres d'altitude, sans jamais poser les pattes sur le sol ! Il se repose parfois en s'agrippant à une paroi verticale, mais aucun oiseau ne passe plus de temps que lui dans les airs !

Les pélicans blancs se réunissent en demi-cercle autour d'un banc de poissons et frappent l'eau avec leurs ailes et leur bec pour acculer leurs proies au rivage. Ces gros oiseaux possèdent sous leur bec une large poche qui peut emmagasiner jusqu'à 4 kg de poisson !

Records chez les animaux

RECORD	DÉTENTEUR
Le plus rapide	Le **faucon pèlerin**, qui peut voler en ligne droite à une vitesse de 180 km/h et effectuer un vol en piqué à une vitesse de 320 km/h.
Le plus rapide sur terre	Le **guépard,** qui peut courir à une vitesse de 110 km/h.
Le plus rapide dans l'eau	L'**espadon**, qui peut nager à une vitesse de 110 km/h.
Les meilleurs sauteurs	La **panthère des neiges** et l'**antilope springbok**, qui peuvent effectuer des sauts d'une longueur de 15 m.
Le meilleur plongeur	Le **cachalot**, un mammifère marin qui peut plonger à une profondeur de 3 000 m.
Celui qui parcourt les plus grandes distances	La **sterne arctique**, qui migre chaque année de l'Arctique à l'Antarctique en effectuant une boucle d'environ 35 000 km.
Le plus gros (de tous les temps)	La **baleine bleue**, qui peut peser 136 000 kg et mesurer 30 m de long.
Le plus gros sur terre	L'**éléphant d'Afrique**, qui peut peser 7 000 kg.
Le plus grand sur terre	La **girafe**, qui peut atteindre une hauteur de 5,5 m.
Celui qui vit le plus longtemps	Le **quahog nordique**, une espèce de palourde qui peut vivre 220 ans.
Celui qui pond le plus d'œufs	Le **poisson-lune**, qui pond 300 millions d'œufs à la fois.
Celui qui a la portée la plus nombreuse	Le **tenrec sans queue**, un petit mammifère de Madagascar couvert de piquants qui peut donner naissance à 31 petits.
Celui qui forme les plus grands rassemblements	Les **criquets des montagnes Rocheuses**, qui peuvent former une nuée de 12 500 milliards d'individus.
Celui qui a l'appétit le plus vorace	La **chenille du papillon du chêne**, qui peut manger en feuilles l'équivalent de 86 000 fois son poids dès sa sortie de l'œuf, en l'espace de quelques jours seulement.

La classification des espèces

Au 18e siècle, le naturaliste et médecin suédois Carl von Linné invente un système qui permet de classer les espèces vivantes les unes par rapport aux autres et de définir leur lien de parenté. Dans ce système, chaque espèce appartient à un « genre », une « famille », un « ordre », une « classe », un « embranchement » et un « règne ». Même s'il a connu des modifications, le système de Linné est encore utilisé aujourd'hui par la plupart des scientifiques.

Carl von Linné

UN NOM POUR CHACUN

Dans le système de Linné, chaque être vivant se voit attribuer un nom latin composé de deux parties. La première désigne le genre auquel l'organisme appartient ; la deuxième précise l'espèce. Le genre et l'espèce s'écrivent en lettres italiques et le genre prend une lettre majuscule. Le chat domestique, par exemple, a hérité du nom de *Felis domestica*.

Espèce
Groupe de très proches parents qui peuvent se reproduire entre eux.

Genre
Groupe d'animaux ayant des traits communs mais qui ne peuvent pas se reproduire entre eux. Le chat appartient au genre *Felis*.

Famille
Regroupement de genres qui présentent des traits communs. Le chat appartient à la famille des félidés.

Ordre
Regroupement de familles qui ont une origine commune. Le chat appartient à l'ordre des Carnivores.

Classe
Regroupement d'ordres. Le chat appartient à la classe des Mammifères, des animaux possédant des poils et des glandes mammaires qui fabriquent du lait.

Embranchement
Ensemble des êtres vivants qui possèdent le même ancêtre lointain. Le chat appartient à l'embranchement des Chordés, des animaux qui possèdent pour la plupart une colonne vertébrale.

Règne
C'est le niveau le plus englobant. Le chat appartient au règne animal. Les biologistes identifient cinq règnes vivants : les champignons, les monères (dont les bactéries), les végétaux, les animaux et les protistes, des organismes constitués d'une seule cellule.

Index
Caractères gras = Entrée principale

A-B-C
abeille 119
acarien 12
agave 123
aigle 115, 146
aigle royal 146
albatros hurleur 10
algue 17, 30, 39, 56, 127, **144, 145,** 146
alligator 84
aloès 123
alouette 115
alpaca 43
amanite phalloïde 30
Amazonie 82, 83
amphibien 65, **100, 101**
anaconda 83
anatife 10
âne 71
anémone de mer 39, 40
anguille européenne 22
animaux des profondeurs marines 20, 21
anophèle 67
antilope 76, 130, 155
antilope springbok 76, 155
ara 83
arachnide 12
araignée 12, 13, 27, 32, 40
araignée sociale 12
araignée thomise 32
arbre 16, 46, 47, 60, 82, 83, 98, 110, 111, 150
Archaeopteryx 115
autruche 94
aye-aye 148, 149
bactérie 21, 136, 137, 157
baleine 32, 62, **88, 89,** 127, 155
baleine à bosse 88
baleine bleue 32, 155
baobab 150
bathysphère 20
baudroie des profondeurs 21
béluga (baleine blanche) 62
bénitier géant 56, 57
bernard-l'ermite 22
bioluminescence 21
boa 64
bœuf musqué 61
bombyx atlas 142
buffle d'Afrique 94
cachalot 36, 155

cactus 122, 123
caïman 84
calmar 21, 36, 57, 116
calmar géant 21, 36
calmar vampire 116
caméléon 150
camélidé 43
camouflage 18, 21, 36, 44, 61, 140, 142
canard 115
caribou 44
castor 78, 79
cèdre 47
cervidé 44
cétacé 89
chacal 130
chameau 42, 43
chameau de Bactriane 42, 43
champignon 30, 31, 32, 98, 118, 157
champignon de Paris 31
chat domestique 157
chauliodontidé abyssal 138
chauve-souris 34, 35
chauve-souris vampire 34
chéiroptère (*Chiroptera*) 35
chenille 141, 142, 155
chenille du papillon du chêne 155
cheval 70, 71, 132
cheval de Przewalski 70
chien 154
chien de prairie 93
chimpanzé 24, 25, 53
chouette saguaro 122
cigogne 115
classification des espèces 156, 157
cnidaire 39
cobra 64
cocotier 98
cœlacanthe 76
colibri à gorge rubis 124
condor 114
conifère 47
corail 38, 39, 40, 56, 152
crabe 22, 136, 137
crabe blanc 137
crapaud 101
criquet des montagnes Rocheuses 155
criquet pèlerin 94
crocodile 65, 66, 134

crocodile marin 66, 134
crustacé 10, 110, 120, 124, 127
cuboméduse 50, 98

D-E-F
Darwin, Charles Robert 52, 53
dauphin 35, 76, 89, 90
diable de Tasmanie 105
dionée 97
dragon (varan) de Komodo 18
dragon de mer 10
dromadaire 43
Drosera 97
dugong 18, 89
échassier 115
échidné 9
écholocation 35
écureuil 32, 79, 108
écureuil gris 108
écureuil roux 32, 108
éléphant 130, 131, 155
éléphant de mer 128
éponge 152, 153
équidé 71
escargot 56, 57, 102
espadon 102, 155
évolution des espèces 52, 53
exocet (poisson volant) 54
faucon 72, 115, 155
faucon pèlerin 72, 155
félin (félidé) 84, 120, 131, 142, 157
flamant rose 120
fleur 16, 17
fou à pattes bleues 54
fougère 17
fouisseur 92, 93
fourmi 14, 119
fourmi légionnaire 14
fourmilier géant 14
frégate superbe 36

G-H-I
gazelle 130
gecko tokay 112
géocoucou de Californie 48
gerboise du désert 58
gibbon 18, 25
girafe 52, 130, 132, 155

gnou 130
gorille 25
grand panda 142
grand requin blanc 74, 75
Grande Barrière de corail 38
grande sauterelle verte 102
grandgousier à poche
   de pélican 138
grenadier abyssal 138
grenouille 83, 100, 101
grenouille agile, 100
grenouille dendrobate 83
grue 115
guanaco 43
guépard 120, 130, 155
guêpe 119
gymnote électrique 49, 84
hamster 79
héron 115
hibernation 85
hibou 115
hippocampe 10
hippopotame 89, 130
hominoïde 25
huître 55, 56, 57
hyène 130, 131
iguane marin 54
iguane vert 36, 68
indri 149
insecte 12, 13, 14, 17, 18, 26,
   34, 80, 86, 94, 96, 97, 101,
   102, 110, 111, 112, 118,
   119, 140, 141, 142, 150, 155

J-K-L
jaguar 84
kangourou 105, 106
kangourou gris 106
koala 104, 105
krill 127
labre nettoyeur 40
lama 43
lamantin 89
langouste américaine 124
lémurien 25, 148, 149
lémurien souris
   (microcèbe) 149
léopard 130, 132
léopard de mer 128
levure 31
lézard 18, 54, 65, 112, 150
libellule 150
lichen 30, 60
lièvre arctique 61
lièvre variable 44
Linné, Carl von 156, 157
lion 130, 131
littorine 57

loup 80, 154
loup gris 80
loutre de mer 144

M-N-O
magnolia 17
maki catta 149
mamba noir 120
mammifère 9, 18, 25, 32,
   35, 36, 61, 79, 83, 89, 90,
   92, 104, 116, 127, 128, 130,
   144, 155, 157
**manchot 115, 126,
   127, 128**
manchot d'Adélie 128
manchot empereur 126
mangrove 110, 111
marguerite 16
marmotte 85, 146
marsupial 104, 105, 106
martinet noir 154
méduse 39, 50, 98
mélèze 47
merle 115
migration 44, 61, 80, 124,
   127, 128, 150, 155
mille-pattes 72
moineau 115
moisissure 31
mollusque 56, 57
monarque 80
monotrème 9
morse 61
mouche 16, 26, 133
mouche tsé-tsé 26, 133
moufette 48, 107
moule 57
mousse 17, 60
moustique 67, 142
mouton 106
mulot 79
mygale 13, 27, 40
mygale Atrax 27
nautile 98
Nepenthes rajah 96
oie 80, 115
oie blanche 80
**oiseau 10, 26, 36, 44, 48,
   54, 61, 72, 80, 83, 90, 94,
   114, 115, 120, 123, 124,
   126, 127, 128, 146, 154, 155**
opossum 105
orang-outan 25
orchidée 17
ornithorynque 8, 9
orque épaulard 76
otarie 89
ours blanc 28, 61, 62

oursin 116, 144
ovipare 9, 114

P-Q-R
palétuvier 110, 111
palmipède 115
palourde 137, 155
palourde géante 137
panthère des neiges 155
papillon 80, 140, 141, 142
papillon-feuille 140
papillon-hibou 140
papillon-verre 140
parasite 26, 30, 40, 58, 67
parc national du
   Serengeti 130
paresseux 83
passereau 115
patelle 57
pélican blanc 154
périophtalme (poisson
   promeneur) 111
perroquet 26, 83
perroquet gris 26
phaéton à brins rouges 90
phalanger volant 106
phalène du bouleau 140
phasme géant 18, 86
phoque 61, 62, 89, 127, 128
phoque de Weddell 127
photosynthèse 30, 145
physalie 106
phytoplancton 145
pieuvre 56, 57, 66
pieuvre à anneaux bleus 66
pigeon voyageur 44
pin 47
pin Bristlecone 47
pinnipède 89
pinson 51, 53
piranha 83
pissenlit 16, 72
**plante à fleurs
   (angiosperme) 16, 17**
plante carnivore 96, 97
plante grasse
   (succulente) 123
poisson 10, 14, 20, 21, 22,
   38, 39, 40, 48, 49, 54, 58,
   62, 65, 74, 75, 76, 83, 84,
   90, 101, 102, 110, 111, 112,
   127, 136, 137, 138, 155
poisson-archer 111
poisson chirurgien 39
poisson-clown 40
poisson des glaces 127
poisson-hachette 21
poisson-lune 112, 155

poisson-perroquet 39
poisson porc-épic 40
poisson-vipère 20
pollinisation 16, 17, 34
polype 38
poney shetland 71
porc-épic 146
primate 25, 148, 149
puce 112
python 64, 65
quahog nordique 155
Rafflesia arnoldii 16
raie manta 48
rainette 101
rapace 115, 146
rat 79
rat-taupe nu des sables 92
**records chez les
animaux 155**
rémora rayé 58
renard polaire 61
renard volant géant 35
reptile 9, 26, 36, 54, 64, 65, 66, 68, 84, 110, 115, 120, 134, 150
requin 14, 48, 58, **74, 75,** 90
requin-baleine 90
requin bouledogue 75
requin mako 14
requin tigre 75

rhinocéros 130
riftia 137
rongeur 32, 58, 78, 79, 92, 93, 108, 146

S-T-U
saguaro 122, 123
salamandre 101
sapin 47
saule arctique 60
saumon de l'Atlantique 62
savane africaine 130, 131
scorpion 12, 58
seiche 57
sélection naturelle 52, 53
séquoia géant 46, 47
serpent 64, 65, 66, 83, 120, 124
serpent à sonnette 124
serpent marin 66
singe 18, 24, 25, 53, 110
sirénien 89
source hydrothermale 136, 137
souris 79
sterne arctique 128, 155
taïpan 64, 66
tatou à trois bandes 116
taupe 92, 93

tenrec sans queue 155
termite 118, 119
têtard 100
thon rouge 22
tigre 142
tortue 26, 54, 65, 150
tortue géante des Galapagos 54
tortue-luth 26
tortue verte 150
toundra 60, 61, 80
tournesol 16
triton 101
troglobie 36
Utricularia 97

V-Z
varech géant 144
vautour 114, 130
ver 93, 136, 137, 138
ver de Pompéi 138
ver de terre (lombric) 93
vesse-de-loup géante 32
vigogne 43
vipère 64, 65
zèbre 71, 130, 132
zoarcide 137
zooplancton 127

Crédits photos

p. 9 ornithorynque : Taronga Zoo
p. 12 toile de l'araignée sociale : Franck Phan
p. 16 *Rafflesia arnoldii* : Troy Davis
p. 30 lichen : U.S. Fish and Wildlife Service/ Gary M. Stolz
p. 31 moisissure : Mathieu Douville
p. 38 Grande Barrière de corail : Bill Scull
p. 38 environnement corallien : Florida Keys National Marine Sanctuary
p. 47 « Methuselah » : Pavel Avramenko
p. 47 « General Sherman » : Marek Reksnis
p. 53 Charles Darwin : Helmolt, H.F., ed. *History of the World*. New York: Dodd, Mead and Company, 1902
p. 56 bénitier géant : Richard Seaman www.richard-seaman.com
p. 60 toundra : Jackson Klein

p. 64 taïpan côtier : Steve Axford
p. 74 grand requin blanc : Oliver Damitz
p. 82 Amazonie : Jim Nicholson www.photographsonthe.net
p. 88 fanons : André Cyr
p. 96 *Nepenthes rajah* : Troy Davis
p. 105 koalas : Lone Pine Koala Sanctuary
p. 110 mangrove : Nina Eppes
p. 114 condor : Russell Wheater
p. 118 termitière : Brian McMorrow
p. 122 saguaro : Steve Maniscalco
p. 130 parc national du Serengeti : Sulaiman Al-Riyami
p. 144 varech : David Duggins
p. 152 éponges : Florida Keys National Marine Sanctuary
p. 156 Carl von Linné : in *Hundred Greatest Men, The*. New York: D. Appleton & Company, 1885

Contributions

François Escalmel
Jocelyn Gardner
Jonathan Jacques

Danièle Lemay
Marie-Andrée Lemieux
Rielle Lévesque

Nicholas Oroc
Claude Thivierge
Caroline Soucy

Claire de Guillebon
Anne Tremblay
François Fortin

Solutions des énigmes

Amérique centrale et du Sud : cafard
Amérique du Nord : cochon
Océanie et Antarctique : koala
Asie : singe
Afrique : chat
Europe : rats